한국 기독교의 영적 통찰

– 루터 종교개혁의 관점에서 –

루터
종교개혁의
관점에서

박길용 지음

한국
기독교의
영적 통찰

　대부분의 종교개혁과 관련된 서적들은 신학자나 성직자들에 의해 집필된다. 이러다 보니 자칫 학문적 도그마dogma와 교회주의라는 소속집단의 리그에 빠져 관찰자적 입장에서 문제를 바라보는 데 한계를 가질 수 있다. 필자는 한국 개신교 교단의 중대형 교회 여러 곳에서 30여 년 동안 교회 학교 중고등부 교사와 교회 운영에 깊이 관여한 경험이 있다. 이를 토대로 오늘날 한국 개신교의 위기 진단, 개혁과제 및 지향점에 방점을 두고 가급적 객관적인 입장에서 집필하고자 노력했다. 또한 기존의 종교 개혁적 견지에서 출간된 책들은 당시 개혁자들의 개혁 내용만 충실히 소개되고 있을 뿐, 현실 한국 개신교에서 일어나는 근본 문제와 연계하여 개혁의 방향성을 구체적으로 분석 제시하고 있지 않아, 이에 착안하여 시도했다는 점이다. 특히 사회과학과 인문학을 학습해온 자로서 역사 해석과 신앙적 사관을 통해 한국 개신교 교회사를 조망하면서 크게 두 가지 관점에서 접근하였다.

하나는 역사 해석이란 시각에서 '생명'과 '지속성'의 뜻을 도출하고, 이들을 품은 우주적 사관이 신앙적 사관임을 성경을 통해서 살펴보았다. 이 같은 신앙적 사관의 맥락에서 한국 개신교의 역사를 일별하고 그 빛과 그늘을 조망하면서, 복음에 근거한 성경의 권위회복에 초점을 두었다. 즉 한국 개신교가 이 땅에 발을 딛고 오늘에 이르기까지 우리 사회에 공헌한 많은 역할에도 불구하고 급속한 세속화로 권위적 제도와 교리에 경도되어, 신앙의 본질이 위협받고 있다는 것이다. 이에 가장 큰 위협은 '한국 개신교의 관료제화'로 인한 세속화임을 진단한다. 아이러니하게도 이는 506년 전, 종교개혁 당시와 역사적 상황만 다를 뿐이지 매우 유사한 모습으로 진행되고 있다는 점이다. 따라서 루터 종교개혁 정신의 관점에서 '한국기독교의 영적 통찰'의 논제로 출발하여 한국 개신교의 관료제화의 역기능적 병폐가 무엇인지, 그 병폐가 한국 개신교를 어떻게 세속화의 길로 몰아넣는지를 주목하고 그 극복 대안을 조심스럽게 제안한다.

다른 하나는 '생명'과 '지속성'의 주제를 담론 삼아 한국 개신교가 지향해야 할 다섯 가지 과제를 제시한다. 첫째, 공교육의 보충성원리로 인간의 존엄성에 대한 교회 교육 강화, 둘째, 창조 환경을 돌보는 일이 선교의 성경적 개념에 수용되어 파괴되어가는 자연생태계 회복 운동의 선도, 셋째, 이념적 시각에서 좌우로 치우쳐 성경을 해석하는 정치적 우상 행위 금지, 넷째, 동양 평화론의 당위성을 바탕으로 남북 통일문제에 대한 뜻의 역사를 포착하고 복음화 운동의 확장, 끝으로 교회주의 울타리를 넘어 초교파적 지역 복음 사역을 위한 분야별 봉사 거버넌스 구축 등이다.

이 두 가지 방향하에서 이 책을 쓰지 않으면 못 견디는 필자의 간절한 동기가 있었다. 우선 한국 개신교의 관료제화 극복이다. 이를 통해 신자의 믿음 생활이 어떤 종교적 제도나 교리 즉 율법주의와 교회주의 문화에 포획되지 않고, 오직 하나님과의 인격적 교직을 통한 거룩함의 회복이다. 다음으로 한국 개신교의 사회에 대한 준엄한 역할이다. 불신자가 세상 차별과 고뇌의 짐을 벗기 위해 성전 문을 두드릴 때, 세속과 구별된 삶의 존재 이유를 교회로부터 찾고, 나아가 공동체의 선한 도구로 쓰임받는 일이다. 이에 대한 한국 개신교의 역사적 · 사회적 소명이 무엇인지를 확인하면서 개혁의 물꼬를 트는 데 있다.

사실 본서를 집필하면서 한편으로는 두려움, 다른 한편으로는 용기로 점철되었다. 신학자도 성직자도 아닌 평신자가 한국 개신교에 대한 개혁과제를 도출하고, 이에 부합한 성경적 지식을 대입한다는 것은 당연히 고난도 작업이었다. 꼬박 1년이 걸렸지만, 집필 과정을 통해서 성경 전체를 찬찬히 음미하고 묵상할 수 있는 시간과 기독교의 본질에 좀 더 가깝게 다가갈 수 있었다는 점에서 비옥한 시간이었다. 무엇보다도 허물 많은 자에게 경외함의 깊이와 지적 영성을 일깨워주신 하나님의 은혜에 감사드린다. 또한 책 출간에 밑거름이 된 많은 선행 학자들의 업적과 사상에 존경심을 표하며, 출판을 위해 애써 주신 한국학술정보 직원들에게 깊은 감사를 보낸다.

2024년 7월

박길용

제1장

들어가는 말

이 땅에 기독교가 들어온 것은 지금부터 약 240년 전, 조선 후기 정조 7년쯤이다. 먼저 천주교가 들어오고, 약 50년 후에 개신교가 들어왔다. 천주교가 이 땅에 들어왔을 때 여전히 조선의 유교적 이념이 지배하는 정치·사회적 배경을 갖고 있었다. 따라서 서학西學이라는 종교가 자연히 이와 충돌을 피할 수 없었다. 천주교의 전래는 다분히 정치적이었기에 이로 인해 모진 핍박을 겪었다. 또한 천주교의 자체 보수성으로 인해 기독교 정신에 부합한 민중교육이 부재하여 비장한 순교자를 많이 내면서도 신앙을 통해 사회변화를 이끌지 못한 것은 매우 안타까운 일이었다. 물론, 초기 시대적 상황도 있었지만 이후 천주교는 한국 근대화와 더불어 나름 시대적 아픔을 포용하면서 이 땅에 뿌리내리고 있다.

반면, 초기 개신교는 전통보다는 자유를, 의식보다는 교리의 깨달음을 중시하였다. 즉 성경의 번역과 전파에 의해 전도하는 복음적 신앙 운동은 사회 전반에 변화의 길을 열어나갔다. 많은 애국지사는 복음 교리에 심취되어 서울을 비롯해 지방 등 전국 곳곳마다 외국 선교사들과 손을 잡고 새로운 사회혁신을 주도해 나갔고, 수많은 교육기관과 병원을 세우고 신문·잡지 등을 발간하여 민중의 계몽을 이끌었다. 특히 개신교는 일제 강점기를 거치면서 독립운동에 앞장섰고, 해방 후 건국 정신인 민주주의와 자본주의 시장경제와 손을 잡고 새로운 국권 회복에 힘을 쓰기도 했다. 그러나 1970년대에 접어들면서 압축 경제성장에 힘입어 오늘에 이르기까지, 교회의 수직적 성장과 더불어 세속화는 권위적 제도와 교권주의의 바탕이 되어 신앙의 본질을 위협하고 16세기 종교개혁 시대를 연상케 하고 있다.

본서는 이에 착안하여 한국 개신교가 이 땅에 발을 딛고 오늘에 이르기까지, 우리 사회에 공헌한 많은 역할에도 불구하고, 자기 안일과 비신앙적인 태도로 시들고 무너져가는 영성을 회복하는 데 초점을 맞추고 있다. 이는 역사와 사회의 시대적 부름을 외면한 한국 개신교를 성찰하고 나아가 한국 개신교의 시대적 부름이 무엇인지를 통찰하고, 개혁의 방향성을 찾아가는 데 있다. 이 같은 맥락에서 이 책의 구성은, 제2장은 종교적 역사관의 관점에서 역사의 해석을 '뜻'의 포착에 방점을 두고, 하나님의 선한 의지^뜻인 '생명'과 '지속성'을 품은 우주적 사관이 신앙적 사관임을 성경을 통해서 살펴본다. 이는 우주와 인류의 역사 바탕을 하나님의 말씀에 있음을 확인한다. 제3장은 신앙적 사관에서 한국 개신교 역사를 3시기로 나누어 일별하고 그 빛과 그늘을 조망한다. 제4장은 본서의 중심으로서 마르틴 루터Martin Luther의 종교개혁 정신에서 본 한국 개신교의 영적 통찰이라는 시각에서, 우선 506년 전 루터의 신앙적 삶의 궤적을 살피고 다음으로 그의 개혁 사상과 연계하여 한국 개신교의 위기, 즉 교권을 중심으로 한 '한국 개신교의 관료제화의 폐단'을 진단한다. 이의 극복방안으로 제도적 개혁과 목자와 신자의 길을 조명한다. 끝으로 한국 개신교의 미래 지향점으로, 역사적 · 사회적 영적 소명이 무엇인지를 주목한다.

제2장

————

종교적 역사관

1. 역사의 해석: '생명'과 '지속성'

역사라는 단어는, 역歷은 지난 과거를 뜻하고, 사史는 기록된 문서로 이를 합하여 과거 사실을 기록한 것이다. 이는 중국의 삼국시대 오나라 사람인 위소韋昭가 저술한 『오서吳書』에 처음으로 등장했다. 이때는 여러 가지 사서史書를 통칭하는 말이었다고 한다. 우리는 조선시대까지는 역사를 표현할 때 단독자單獨字로 사史라고만 했다. 한 개인사도 마찬가지이지만 국사나 세계사도 지나간 모든 일을 낱낱이 기록할 수도 없고 그럴 필요도 없다고 생각한다. 물론 과거에 일어난 모든 사실이 그 대상으로 될 수는 있지만, 그 모든 사실이 역사가 되는 것은 아니다. 필요한 관심과 가치판단으로 선택된 과거의 사실이 역사를 구성한다고 보면 된다. 역사를 아는 것도 그저 지난날의 수많은 사건을 뜻도 질서도 없이 줄줄이 외고 기억한다고 되는 것이 아니라, 역사적 의미와 가치가 있는 것을 뜻있게 포착해야 역사를 이해했다고 할 수 있다. 그래서 역사는 과거와의 뜻있는 대화라고 할 수 있다.

역사학자 카E. H. Carr는 『역사란 무엇인가』라는 그의 저서에서 역사를 "현재와 과거 사이의 끊임없는 대화"로 정의한다. 이런 의미에서 역사를 모르면 과거의 뿌리를 모르게 된다. 과거를 모르고서야 현재와 미래에 대한 올바른 안목을 가질 수 없다. 역사를 통해서 우리는 혼돈 속에서 무엇이 더 영속적이고 더 중요한 것인지를 분별할 수 있는 지혜를 기를 수 있다. 물 위의 거품에 현혹되지 않고 심해의 흐름을 짚어낼 줄 아는 역사적 통찰력을 배양할 수 있다. 따라서 과거와의 대화는 근자에 있었던 일은 그 당시 그 사건과 관련된 생존자의 경험을 통해 역사적 의미를 생생히 유추할 수도 있지만, 먼 과거의 일은 생존자가 없으니 직접 대화할 수 없다. 우리가 대할 수 있는 것은 그 일의 흔적인 사료史料뿐인데, 이는 스스로 말하지 않는다. 상황적 사건에 대해 질문하고 답으로서 알고자 하는 사실들과 그 인과관계의 숨은 맥락을 통찰해야 한다. 즉 기록된 사료를 이 같은 방식을 통해서, 어떤 요인과 요인들이 상호 관련성을 갖고 그 사건이 일어났는지, 그 인과因果 방식을 나름대로 공정하게 파악하고 풀어내는 것이다. 그러한 방식을 정식화한 것이 사관史觀이다. 즉 역사의 현상 및 발전의 법칙이나 원리를 밝혀 그것을 해석하고 설명하는 체계적인 관점이라 할 수 있다. 이 같은 사관의 관점에서 '역사'는 무엇인가? 크게 두 가지 의미에서 생각해 볼 수 있다.

우선 역사는 지난 과거 사건의 해석이라 하지만, 그 가치적 의미에서 현재와 미래 속에 '생명生命'과 '지속성持續性'을 갖고 있어야 한다. 죽어버린 단순한 과거가 아니고 지속되고 있는 생명이어야 한다. 현재 우리의 삶 속에 살아 있는 과거와 현재와 미래다. 사실 시간적 관점에서 본다면 현재 순간순간 초 단위로 과거와 현재와 미래가 펼쳐진다. 따라서 역사는 끊임없이 새 생명을 창조하고 지속시키는 풀무다. 가령 조부모가 세상을 떠나 과거에 있다고 해서 죽음으로 끝나는가? 아닐 것이다. 시간이 지나 현재 나로부터 먼 과거 시간에 있으나, 조상의 과거 존재와 사건의 사실이 눈에 보이는 사실이기보다는 그 사실이 가지는 '뜻'이다.

즉 조상의 과거 사건 사실과 현재 나의 삶 사이에 보이지 않는 관계의 '끈string'이 연결되어, 족보 등 기록이라는 구성체로 하나의 통일체로 연속성을 이룬다. 이 통일체는 생명과 지속성의 확증이다. 이 통일체가 무너지면 생명의 지속성이 끊어지고 만다. 과거 조상의 일이 좋든 싫든 가치가 있든 없든 현재 내 존재의 주춧돌임은 분명하다. 문제는 과거 어떤 사실이 현재 나의 삶에 피상적으로 드러냄이 아니라, 반추를 통해 성찰과 해석으로 의미 있는 뜻의 드러남이어야 한다. 이는 생명과 지속성의 뜻에 참여함이다. 좀 더 지평을 넓혀 표현한다면, 모든 역사적 사건에 대한 생명과 지속성이란 관점에서 맥락적 해석이라고 할 수 있다. 그 해석이 가치 있고 의미 있는 풀이이어야 과거와의 뜻있는 대화라고 할 수 있다. 이는 과거에 붙잡힘이 아니라 과거의 사실을 맥락적 의미에서 현재와 미래를 향한 뜻의 해석이 필요하다. 이것이 생명과 지속성이다. 한 사건을 두고 보는 관점과 해석에 따라 과거의 사실이 현재에 생生도 되고 사死도 된다. 가령 '우리 조상은 왜, 우리 국가는 왜, 이 모양 이 꼴로 살아왔는가'라고 한탄만 한다면 어떻게 되겠는가? 따라서 생사의 갈림길에서 한 개인이나 국가나 과거 사건의 해석을 현재와 어떻게 대화하느냐가 우리의 미래를 결정한다. 여기서 뜻있는 대화는 생명을 살리고, 단절이 아니라 지속성을 유지하는 번성이다. 즉 영적 통찰을 통한 인격적 대화가 꿈을 꾸고 뜻을 세우고 그 뜻을 완성할 것이다. 이런 의미에서 역사는 생명과 지속성을 위한 과거와 현재의 끊임없는, 뜻있는 대화라고 할 수 있다.

다음으로 역사는 미래를 보는 창窓이다. 역사는 박제剝製된 과거가 아니다. 바로 역사 속에 미래가 담겨 있다. 역사는 '왜 why'냐고 묻는 동시에 '어디로where'라고 묻는 법이다. 과거의 사실과 현재의 실존이 가지는 유기적인 뜻을 바르게 해석할 때, 역사는 의미 있는 미래의 창이 될 수 있다. 뜻을 바르게 해석한다는 것은 생명과 지속성을 품고 있어야 한다. 그렇지 않으면 역사의 대상이 될 수 없고 죽은 우상의 역사가 되고 만다. 바르다는 풀이는 공정公正이라고 할 수도 있다. 그 공정은 역사의 명암을 객관적 사실에 토대가 되어야겠지만 자연현상을 이해하는 과학적 방법론으로는 한계가 있다. 인간 일의 역사는 가치중립가치배제적인 사실 기록이 거의 불가능하다. 그건 엄밀히 보면 역사의 대상이 되지도 않는다. 그렇다고 사실의 자세한 객관적 기록을 간과하는 것은 아니지만, 역사의 대상은 기술記述의 역사이기 전에 사실의 객관에 숨어 있는 뜻을 가지는 역사를 요청하고 있다. 따라서 역사의 해석은 사건 사실을 뚫어보는 매의 눈이 필요하다. 매는 정확한 먹잇감을 찾아 낚아챈다. 매의 눈으로 사건을 뚫어보는 능력이 역사적 안목이요, 정신을 포착하는 뜻의 역사다. 그 뜻의 역사가 공정의 역사다. 공정의 역사는 성찰의 역사요, 경계警戒의 역사요, 통찰의 역사다. 성찰과 경계와 통찰의 역사는 생명과 지속성을 연결하는 끈이요, 공정의 골수다. 공정으로 해석된 사실, 즉 생명과 지속성을 붙잡는 뜻의 역사가 과거와 현재를 이어주는 미래의 창이다. 따라서 역사가에게는 학學과 재才보다 식識이 더 중요하다. 식은 뚫어봄이기에 깨달음에서 온다. 시비의 분별은 썩은 학자도 다 할 수 있지만, 시時의 뜻을 깨닫는 것은 과거와 현재와 미래의 되어 감을 아는 자만이 알 수 있다.

이상 사관의 관점에서 역사의 의미는 과거와 현재와 끊임없는 인격적인 뜻의 대화요, 미래를 보는 창이다. 그 대화의 주제와 담론은 '생명'과 '지속성'이다. 필자는 이 생명과 지속성을 품은 우주적 사관이 바로 '신앙적 사관'이라고 명명命名한다. 성경의 창세기부터 요한계시록까지 나타난 역사적 사건을 맥락적으로 뜻으로 이해하기 위해서는, 하나님이 '역사를 섭리한다'라는 전체 속에서, 각 세부적인 사건들의 내용을 신앙적 사관으로 해석해야 한다.

2. 신앙적 사관

기독교의 종교적 역사관이란 성경의 사관이며, 좀 더 엄밀히 말하면 신앙적 사관이다. 신앙적 사관은 '믿음'으로 성경의 역사를 밝혀 그것을 풀이하는 체계적 관점이다. 이는 곧 성경을 신앙적으로 설명하는 일이며, 성경의 근본 뜻, 하나님의 계획이 무엇이냐를 포착하는 일이다. 여기서 근본 뜻을 포착하는 통로가 하나님의 영과 인간의 영을 이어주는 '성령聖靈'이다. 따라서 신앙적 사관에서 본다면, 성경의 뜻의 포착은 생명의 주관자인 성령의 도움 없이는 안 된다. 성경은 성령을 통해서, 인간으로 우주와 인생의 근본이며 소망인 '영원한 생명永生'을 붙잡게 하자는 것이다. 이 같은 점에서 기독교는 우주 사적이면서 인생의 '영원한 구원'을 목적하는 사실의 종교다. 성경에 바탕을 둔 신앙적 사관은 '생명'과 '지속성'이 있는 우주적 사관이다. 여기서 지속성은 생명을 함의한 영생과 연결되는 부활이다. 다시 말하면 예수님 십자가의 역사적 사건은 곧 부활의 사건으로 이어지는 영생이다.

성경은 그리스도 안에서의 죽음과 생명을 말한다. 따라서 죽음이 생명의 종착이 아니라, 생명으로 가는 시작이고 문이다. 예수께서 "한 알의 밀이 땅에 떨어져 죽지 아니하면 한 알 그대로 있고 죽으면 많은 열매를 맺느니라. 자기 생명을 사랑하는 자는 잃어버릴 것이요 이 세상에서 자기의 생명을 미워하는 자는 영생하도록 보전하리라고 했다." 사도 바울은 "나는 날마다 죽노라"라고 했다고전 15:31. 이는 영원의 시각으로, 거룩해야 하는 삶의 나그네이고 또한 하나님 계신 본향을 향해 가고 있는 순례자라는 것이다. 예수께서 "나는 부활이요 생명이니 나를 믿는 자는 죽어도 살겠고 무릇 살아서 나를 믿는 자는 영원히 죽지 아니한다"라고 했다. 그 길을 보여주는 나침판이 성경이다. 이처럼 성경 66권의 근본 뜻은 하나님을 이해하는 데 있다. 그 하나님이 우주 창조의 주인이고 우주 역사의 근원이 되고, 알파요 오메가이다. 즉 신앙적 사관은 하나님을 이해하는 역사인데, 그 이해의 대상은 하나님의 통치 사관이요, 그 다스림의 뜻, 의義의 통치를 붙잡는 것이 '신앙信仰'이다.

신앙이란 종교적 믿음의 특별한 체계를 확신하거나 신뢰하는 것이다. 따라서 기독교 신앙의 주제는 '믿음'이다. 기독교 신앙적 사관에서 믿음은 하나님의 은총으로 하나님이 직접 주는 내적 확신이다. 즉 하나님이 독생자 예수 그리스도를 통해서 보인 역사적인 계시에 감동을 나타내는 인간의 반응이다. 이는 십자가 도道와의 끊임없는 대화, 과거와 현재와 미래의 시공 위에서의 역사적 소통이 있어야 하나님의 계획을 포착할 수 있다. 여기서 인간은 '존재의 이유', 자신이 누구이며 무엇을 위해 사는지를 깨닫게 된다. 즉 믿음 행위의 토대가 세워진다. 성경에서 "믿음은 바라는 것들의 실상이요 보이지 않는 것들의 증거니"라고 한다히 11:1. 즉 '바라는 것들을 보증해 주고, 볼 수 없는 것들을 확증해 주는 것'으로 정의하면서 하나님의 '선물'이라고 한다.

이 선물은 '생명'과 '지속성'의 끈이 되는 하나님의 은총이다. 그 은총은 믿음으로 사랑성령의 열매를 맺는 것이다. 그 사랑의 열매는 영원한 생명과 지속성이다. 아브라함은 하나님 말씀의 절대적 믿음으로 100세에 언약의 생명이삭을 얻었고, 장차 그에게 하늘의 별과 땅의 모래와 같은 많은 후손을 지속할 수 있도록 하나님이 약속해 주셨다. 그 믿음의 행위가 하나님과 올바른 관계를 유지하는 삶으로 변화되고, 그에게 여호와 하나님께서 "땅의 모든 족속이 너로 말미암아 복을 얻을 것이라"라고 했다창 12:3. 생명과 지속성을 떠난 사랑은 있을 수가 없다. 왜냐하면 하나님의 본체는 '아가페Agapē'이다. 아가페는 사람을 살리는 생명과 직결되고, 그 생명을 지속시키는 것이 우주적·신앙적 사관이다. 예수는 "내가 너희에게 새 계명을 준다. 서로 사랑하라 내가 너희를 사랑한 것같이 너희도 서로 사랑하여라. 너

희가 서로 사랑할 때, 모든 사람이 그 모습을 보고 너희가 내 제
자라는 것을 알게 될 것이다"라고 했다. 여기서 하나님의 본체
가 사랑임을 드러내고, 그 사랑은 생명과 지속성을 유지시키는
절대적인 에너지 하나님의 권능임을 표현한다.

이처럼 기독교의 신앙적 사관은 하나님의 사랑, 구체적으로
십자가라는 역사적 사건을 통해서 아가페를 인류에게 보여주
었다. 즉 십자가의 역사적 사건의 뜻, 사랑을 구체적으로 포착
하는 것이 신앙적 사관의 핵심이다. 성경에서 "내가 사람의 방
언과 천사의 말을 할지라도 사랑이 없으면 소리 나는 구리와
울리는 꽹과리가 되고, 내가 예언하는 능력이 있어 모든 비밀과
모든 지식을 알고 또 산을 옮길 만한 모든 믿음이 있을지라도
사랑이 없으면 내가 아무것도 아니요, 내가 내게 있는 모든 것
으로 구제하고 또 내 몸을 불사르게 내줄지라도 사랑이 없으면
내게 아무 유익이 없느니라. 중략 그런즉 믿음, 소망, 사랑, 이 세
가지는 항상 있을 것인데 그중의 제일은 사랑이라"라고 하고
있다 고전 13:1-13. 여기서 13절에 믿음은 과거, 소망은 미래, 사랑
은 현재, 이는 믿음을 바탕으로 소망을 갖고 현재 삶 가운데 사
랑의 실천을 요청한다. 맥락적 차원에서 과거와 미래와 현재의
연속적 관계 안에서 하나님의 역사적 섭리의 뜻을 포착하는 것
이 아닌가 싶다. 이는 생명과 지속성의 붙잡음이다. 이를 좀 더
사실적으로 아가페가 주는 숨은 뜻을 굴착해 보기로 한다. 여기
서 크게 두 가지로 나누어서 하나는 인류 역사의 바탕을 어디

에 둘 것인지, 또 하나는 우주의 창조와 다스림, 종말을 어떻게 성경적으로 해석할지를 살펴보는 일이다.

○ 역사의 바탕

역사의 바탕을 이야기하는 것은 우주와 인류의 바탕을, 구체적으로 나의 바탕을 이야기하는 것이다. 인간은 어디에서 왔고, 왜 존재하며, 어디로 가는지, 참 난해한 문제들이다. 그렇지만 피할 수 없는 물음을 생각하지 않을 수 없는 것 또한 필연이다. 이 필연을 우연으로 돌리기는 인간으로서 우매하기 짝이 없다. 이 우매함을 극복하기 위해서는 기독교의 신앙적 사관에서 답을 찾아야 한다. 그 이유는 분명하다. 우주의 주관자를 포착하면 된다. 성경은 우주 역사의 바탕을 하나님께 구한다. 하나님은 사랑의 본체다. 다시 말하면 우주와 생명의 근원이 하나님의 뜻, 아가페에서 나왔다는 것이다. 과학적인 사관과는 다르다. 과학적인 사관은 무생명체인 원자의 우발적인 상호작용을 통해서 생명의 탄생을 인과관계로 설명하는 것이다. 이는 역사의 근본을 아주 목적 없는 우연한 물질에 돌리는 유물사관에 불과하다. 성경은, 역사는 하나님의 뜻에서 나왔다는 점에서 확연히 구별된다. 만일 우주와 생명의 근원이 원자의 우연적인 조합에 의한 것이라면 우주, 생명, 인생, 역사의 가치가 얼마나 무가치하고 허무한 것인가? 결국 역사 속의 인간 나, 우리의 바탕도 하나님이시고 그의 사랑으로 귀결된다. 그런데 역사의 바탕이 하나님이시고 사랑이시라는 추상적인 말만으로는 불완전하다. 신앙적 사관에서 하나님이 사랑이시라는 증표로 '인격'을 가지신 분임을 구체적으로 풀어내어야 한다.

여기서 인격 人格이란 신격 神格과 상대되는 개념으로 생각하여, 하나님과는 무관한 용어로 이해하기 쉬우나, 성경에서는 하나님은 '인격적 속성'을 가지고 계신다고 밝히고 있다. 하나님의 인격적 속성 때문에 인간과의 인격적 교제가 가능하다. 그것이 하나님의 의 義다. 하나님은 지 knowledge, 정 feeling, 의 will의 힘을 갖고 있기에 인격자이시며 인간과 깊은 교제와 교섭을 할 수 있다. 왜냐하면 하나님은 인간을 자기 형상대로 창조하였기 때문이다. 하나님의 인격성이 없다면 범신론 汎神論, pantheism 이나 다신론 多神論에 빠질 위험이 있다. 이런 점에서 인격자이신 하나님과 구별되는 신앙관은 매우 중요하다. 만물이 곧 신이라는 범신론은 하나님과 우주를 동일시하여, 결국 하나님을 비인격적인 것으로 삼고, 창조주와 피조물 사이의 구별을 혼탁하게 하여 창조 질서를 무너뜨리게 된다. 다신론, 역시 자연현상을 인격화한 것으로 미신적이고 주술적인 현상을 숭배하는 우상숭배에 불과하다. 즉 인격적 영성을 가진 인간이 다스려야 할 비인격성 피조물을 숭배하는 불행을 자초하는 것이다.

지금까지 생명의 진화에 있어서 가장 높은 차원이 인격이라면, 피조물 중에서 인격을 가진 동물은 인간뿐이다. 그 인격자의 교통은 당연히 인격을 갖춘 상대자만이 가능하다. 인격자이신 하나님은 인간을 흙으로 빚고 생령生靈을 불어 넣어 인격성을 갖추게 했다. 영을 알 수 있는 통로는 영밖에 없다. 따라서 우리 인간 안에 있는 양심이란 DNA 성품은 하나님과 소통할 수 있는 유일한 인격임을 아무도 부인할 수 없다. 하나님이 인간을 창조할 때 이 성품의 씨를 마음 깊이 심어놓았기에 타락한 후에도 주님을 믿음으로 회복의 힘을 갖게 되는 것이다. 성경에서 하나님이 인격자임을 드러내는 속성이 많다. 사랑하신다계 3:19, 진노하신다왕상 11:9, 미워하신다잠 6:19, 한탄하신다창 6:9 등을 볼 수 있다. 이뿐만 아니라 인격적 역사役使의 표현으로, 목자이시다시 23:1, 의를 행하신다렘 23:6, 만물을 붙드신다히 1:3, 만물을 보전하신다골 1:15-17 등의 모습도 보이시고, 인격적 활동도 여러 모습으로 보이신다. 하나님은 인격자로서 살아 계시고, 행동하시며, 역사하시며, 인간과 소통하시며, 역사를 주관하시며 장래를 예언하신다. 따라서 우주와 생명의 근원이 하나님의 뜻에서 나왔음을 분명히 성경은 밝히고 있다. 그 하나님의 뜻은 하나님의 말씀으로 나타난다. 곧 하나님의 말씀이 예수의 인격 속에서 사람의 모습을 입고 역사 속으로 들어왔다. 성경에서 "말씀이 육신이 되어 우리 가운데 거하신다"라고 한다요 1:14.

그 뜻은 인간과 하나님과의 인격적 교제를 통해서 절대자의 의지와 계시를 깨닫는 것이 인격의 본질이다. 성경 로마서 3장에서 "오직 믿음으로써 의롭게 된다以信稱義"라는 뜻의 핵심은 누구나 믿음으로 구원받고 의롭게 돼, 하나님과의 직접적인 인격적 관계를 맺게 된다는 것이 '만인제사장설萬人祭司長說'이다. 이는 하나님께서 예수 그리스도를 통해 인간을 일대일로 가르쳐 주셨다는 것을 의미한다. 따라서 하나님은 인격자이신 분이기 때문에 뜻을 가지고 이 땅에 왔다. 그 뜻을 아는 것이, 하나님과의 진정한 인격적 교제라고 할 수 있다. 하나님의 말씀은 인격적인 부름이 있기에 비인격적으로 대하지 않고 인격적으로 읽는다. 우리는 참 자아로 살기 위해서 성경을 통해서 하나님과 인격적 교제를 하는 것이다. 하나님의 절대적 가치, 그 인격은 바로 '아가페Agape'이다. 그렇다면, 아가페는 구체적으로 무엇을 의미하나? 하나님은 인간이 그분께 아무 쓸모가 없을 때 그의 아들을 희생적 죽음에 내어 주심으로, 그의 사랑을 대가 없이 인간에게 선물로 내놓으셨다. 이 구원의 완성된 희생제사를 통해 우리는 하나님 앞에 바로 세워졌다. 이것이 아가페고, 인간과 하나님 사이가 친밀한 인격적 관계가 형성되었다. 하나님의 절대적 가치를 부정하는 것이 비인격적 행위이고, 참 자아의 삶을 포기한 우상숭배다. 이처럼 하나님의 인격적 속성을 이해함으로써 우주와 인류 역사의 바탕이 하나님에게 있음을 확인할 수 있다.

결국 역사의 바탕은 인격자인 하나님의 사랑이다. 그 사랑은 생명의 본체이며, 하나님과 끊임없는 인격적 교제를 통해서 하나님의 뜻을 이 땅에 이루는 것이 구원이고 부활이다. 예수의 삶과 죽음과 부활의 증언이 우주 역사의 방향을 바꾸었다. 우주적·신앙적 사관은 하나님과 인간의 인격적 만남에서 사랑이 구체화되어 '생명'과 '지속성'을 끊임없이 창조함을 의미한다. 이 인격적인 만남은 하나님과 나의 관계가 바로 세워진다는 것이다. 이것이 역사의 바탕이요, 그리스도의 메시지이다. 이의 확언한 성경 말씀은 "하나님은 알파요 오메가시다"라고 함축 표현하고 있다.

○ 하나님은 알파요 오메가이시다

하나님께서 "나는 처음이며 마지막, 최초이며 최종, 시작이며 끝이다"라고 하셨다 계 21:6. 이는 창조와 다스림攝理, 그리고 종말을 전체로서의 하나로 통일하고 있다. 즉 모든 것이, 하나님으로부터 출발하고 그분을 통해 일어나며 그분에게서 마친다. 이는 역사의 바탕을 분명히 하는 신앙적 사관의 해석이다. 이 하나의 일체성은 역사의 바탕 위에서 설명된다.

창조론

앞에서 이미 밝혔듯이 우주와 생명의 탄생이 우연으로 인한 자연적으로 발생한 것이 아니라 하나님의 뜻에서 나왔다는 것이다. 이는 하나님의 자기 뜻대로 지어냈다는 것이다. 즉 우주와 인류 역사의 바탕의 주체자는 하나님이시고 하나님은 '생명'과 '지속성'의 본체이시라는 것을 선포하는 것이다. 창조주 하나님은 추상적인 분이 아니라 인격적 속성을 지닌 자로서 구체적인 아가페의 본체임을 창조를 통해 자신을 표현하고 있다. 하나님께서 자기의 뜻을 표현한 최초 행위가 창조이다. 성경은 창조의 시작이 알파요, 끝이 오메가라고 한다. 그렇다면 알파와 오메가의 전일적 과정이 다스림이요, 섭리다. 역사는 시작과 다스림과 끝이라는 전일체 속에서 이루어진다. 신앙적 사관은 생명과 지속성의 진행이다. 성경은 창세기 1장을 시작하면서 "태초에 하나님이 천지를 창조하시니라. 하나님은 피조물 세계를 창조하시고 인간을 만들 때 흙으로 하나님의 형상을 닮은 모양으로 사람을 만들고 생령을 불어넣으셨다. 그리고 피조물들을 보시고 생육하고 번성하여 땅에 충만하라. 땅을 정복하라. 바다의 물고기와 하늘의 새와 땅에 움직이는 모든 생물을 다스리라 하시니라"라고 하시면서, 인간에게 피조물을 관리하는 청지기 역할을 부여하였다. 따라서 창조의 역사는 창조주에 대한 믿음의 출발이고, 피조물들에 '생명'을 주심이요, 그 생명이 생육하고 번성토록 인간 자신뿐만 아니라 타 피조물들에 대한 관리권을 주신 것은 '지속성'을 의미한다. 이것이 근본 하나님의 우주 생명 질서이고, 그 질서를 유지하는 것이 하나님의 뜻이고 사랑이시다.

이처럼 우주의 생명은 하나님의 의지에 따른 말씀으로 창조되었기 때문에 말씀이 생명임을 밝히고 있다. 즉 하나님의 말씀으로 시작하여 하나님의 말씀으로 일관한다. 생명의 가치는 물질에서 추출할 수 없기에 영靈이라 정의하는 것은 불변의 진리임을 부인할 수 없다. 이 사실을 거부하는 것은 오히려 비과학적이다. 창조주 하나님이 인간을 자기 형상대로 지었다는 뜻은 생명을 가진 인격성을 부여하였다는 것이다. 따라서 하나님은 '존재 자체being itself이시며 최초의 원인자'이시다. 이는 '스스로 존재한 자'로서, 나는 해야 할 바를 하는 자로서, 절대적 가치인 아가페Agapē의 본체다. 그것을 알고 응답하는 것이 하나님과의 진정한 인격적 교제다. 그 뜻의 방향으로 움직이는 것이 우주의 역사다. 이 우주의 역사가 생명의 역사요, 지속성의 역사다. 따라서 하나님의 뜻은 그의 인격성으로 창조된 생명이 하나님과 친밀한 관계 가운데 교제하며, 주변의 모든 피조물과 조화를 이루며 생명을 지속시키는 일이다. 신앙적 사관의 관점에서 성경 이야기의 제1막인 창조는 하나님께서 인간에게 바라시는 것이 무엇인지를 계시해 주며, 이후 일어날 일들의 배경이 된다.

구약 전체의 역사는 한마디로 예언자들이 인격적 하나님을 거부하는 자기 백성의 우상숭배를 신랄하게 비난하며 다가올 그분의 심판을 경고하는 일이다. 그 메시아는 이 땅에 오셔서 생명을 심었고, 그 생명의 지속성을 부활로 확증하였다. 신약의 마태복음 1장 1-17절까지 "아브라함과 다윗의 자손 예수 그리스도의 계보는 이러하다"라고 선언하면서 그 모든 대 수를 말하고 있다. 이는 하나님의 창조 이후 역사의 지속성을 뜻으로 표현함이 아니겠는가? 단순한 예수의 기록 계보라기보다는 예수 생명의 지속성의 참뜻을 찾으라는 메시지일 것이다. 그다음 18~25절까지 예수 그리스도의 탄생, 즉 '참 생명'이신 메시아를 인류에게 보내 주셨다. 여기에서 우리가 주목해야 할 것은 이 하나님의 뜻을 거부하는 것이 우상의 역사요, 죽은 역사라는 것이다. 창조주 하나님의 뜻은 사랑의 본체이신 '생명'과 그 생명의 '지속성'을 우리에게 요청하고 있다는 사실이다. 이것이 인류의 새로운 질서를 보여주는 예수의 말구유 탄생과 십자가의 죽음과 부활, 이 질서 위에 인류를 세워주시는 것이, 곧 하나님은 알파요, 오메가임을 선포한 것이다.

신앙적 사관에서 신앙인은 생명과 지속성을 위해서 하나님의 말씀으로 미래의 창을 열어야 한다. 인간은 최초의 원인자이신 하나님과 올바른 관계 안에서 하나님의 말씀에 응답하며, 그 속에서 인간의 근원과 삶의 뜻의 목적을 찾을 수 있어야 한다. 즉 절대자의 의지를 깨닫는 것이 창조 신앙의 본질이다. 그 신앙의 본질은 창조에서 시작되었다. 이 창조의 역사가 알파요, 이 알파는 하나님의 계시 역사요, 신앙의 본체다. 예수께서는 수많은 표적을 베푸셔서 하나님을 계시해 주셨다. 이는 예수께서 메시아이시며 하나님의 아들이심을 인간에게 믿게 하고, 그 믿음을 통해 예수께서 친히 계시해 주신 참되고 영원한 생명을 얻게 하려는 뜻이다. 이 뜻은 우주와 인생의 출발점이요, 역사의 시작이라고 고백하는 것이 창조 신앙적 사관이다. 이 신앙적 사관은 과학의 세계를 넘어 영적 믿음의 본질에 응답하는 뜻의 역사라 할 수 있다.

섭리론

알파가 있고 오메가가 있다면 그 과정은 어떻게 진행되는 것일까? 당연히 과정의 질서가 진행되고 있다. 하나님은 시공간의 질서를 세우신 분이다. 이 과정의 질서 원리가 하나님의 다스림이요, 곧 섭리攝理다. 물론 큰 틀에서는 알파와 오메가도 섭리 안에 있다. 즉 시작과 진행과 끝이 전일체를 이루며 섭리의 손길 아래 있다는 것이다. 섭리란 말은 '예견한다'라는 의미로 하나님이 앞질러 보시고 이루신다는 뜻이다. 물론 성경에서 직접 기술되지 않았지만, 이를 뜻하는 것은 묵시적으로 다양하게 계시되고 있다. 즉 하나님의 뜻눅 22:42, 하나님의 경륜딤전 1:4, 하나님의 역사엡 3:7에서 나타내 보인다. 하나님은 천지 만물을 창조하시고 다스리신다. 여기서 다스림의 대상이 모든 피조물이지만, 초점은 '사람'에게 있으므로 섭리는 하나님께서 인간에게 값없이 주시는 은총이라 할 수 있다. 따라서 성경은 하나님의 다스림, 즉 말씀인 동시에 사람의 글이다.

섭리의 역사에 따르면 우주는 기계론적으로 설계되어 움직이는 것이 아니라, 하나님의 뜻에 따라 생명과 지속성을 가진 움직임이다. 기계론적 세계관은 죽은 역사다. 섭리의 역사는 생명의 역사다. 생명은 끊임없이 움직이고 일한다. 즉 하나님의 뜻이 역사의 수레바퀴를 통해 이루고자 하는 목표를 향해 나아가고 있다. 성경에서 "내 아버지께서 지금도 일하시며 나도 일한다"라고 한다요 5:17. 다른 말로 표현하면 하나님은 자신이 창조하신 세계를 보존하시고, 통치하시고, 주목하시고, 가르치시고, 지도하시는 모든 하나님의 역사役事를 뜻하는 말이다. 이를 구체적으로 인간을 통해 하나님의 손길을 펴시기 위해 인간에게 '자유의지'를 불어넣으셨다. 이 자유의지는 하나님의 정체성이다. 하나님의 형상으로 지어진 인간은 자유의지에 의해서 하나님의 뜻에 응답하는 생활이 섭리의 신앙이다. 물론 이 자유의지는 죄에 대해선 무력하다. 즉 자신의 영혼 구원을 결정할 수 없다. 실질적인 자유의지는 오직 하나님만 갖고 있고 인간의 의지는 제한되어 있다. 다만 하나님의 선한 도구로 쓰임 받는 의미에서는 협력자, 동역자로 섭리 안에 있다.

하나님은 인간에게 생기生氣라는 영을 불어넣어 주고 우리가 하나님의 섭리 안에서 성장하여 자기에게 돌아오기를 소망한다. 그리고 그 자유의지 위에서 손을 펴고 일하신다. 하나님은 미래를 알고 계시며, 그리고 미래가 하나님의 뜻에 합하게 운행되도록 계획을 세우시고 관리하시는 섭리의 하나님이시다. 이 섭리의 궁극 목적은 아가페를 통해 우리를 완전한 구원에 이르게 한다. 신자가 하나님을 믿는 것은 하나님의 은총을 통한 섭리이시다. 따라서 신앙적 사관에 있어서 섭리에 대한 믿음은 매우 중요하다. 왜냐하면 하나님에 대한 섭리의 신뢰는 자기를 온전히 하나님께 맡기는 것을 의미하며 그 맡김을 통해 하나님의 손길이 자기를 통해 이 땅에 위대한 일을 성취하게 하는 것이기 때문이다.

이것은 하나님에 대한 신뢰와 노력이 우리를 향하신 하나님의 뜻이기 때문이다. 따라서 인간의 책임 있는 선택행위가 곧 우주를 통치하는 섭리에 대한 바른 관계임을 이해해야 한다. 하나님의 섭리는 창조하신 목적을 이루시기 위해 그의 권능으로 혼돈 가운데 피조 세계의 질서를 세우고, 하나님의 주권 아래 복종하게 하고 그것을 통해 스스로 기뻐하시고 영광 받으시기를 매개체로 삼으시는 것이다. 성경에서 요셉이 노예로 팔려 간 것도 자기 백성을 구원함에 있고, 욥에게 시련을 준 것도 섭리자이신 하나님을 더 알도록 함에 있고, 다윗은 하나님의 섭리를 신뢰했기 때문에 사울을 죽이지 않고 하나님에게 맡겼다. 하나님의 섭리는 그 지혜와 공의와 거룩함으로 하시는 일이기 때문에 모든 것이 연합하여 믿는 자들에게 유익하게 된다.

오늘날 기독교인들이 하나님의 섭리를 인간 중심적 관점에서 세상 방식으로 공의를 왜곡 해석하여, 교회가 섭리의 뜻을 거슬러 시험에 자주 빠지는 것을 볼 수 있다. 예수께서 제자들에게 "사람들이 너희를 출교할 뿐 아니라, 때가 이르면 무릇 너희를 죽이는 자가 생각하기를 이것이 하나님을 위한 것이라고 한다. 그들이 이런 일을 하는 것은 아버지와 나를 제대로 알지 못하기 때문이다"라고 했다. 이처럼 하나님의 섭리를 바로 깨닫지 못하면 하나님과 인간, 인간과 인간 간의 올바른 인격적인 관계가 허물어져 혼돈의 나락으로 떨어지고 만다. 이는 우주의 생명과 지속성을 담보 받지 못한다. 하나님의 은총 아래 모인 교회공동체는 역사 속에서 하나님의 섭리에 의해서 생명을 갖고 지속적으로 발전해 왔다.

종말론

오늘날 과학이 고도로 발달되어 심지어 인간의 DNA 구조를 밝히고 말았다. 그런데 종말론적 역사관을 현상 그대로 수용하는 데는 한계가 있어 보인다. 성경에서 종말론은 최후의 대심판을 예고한다. 성경에서 종말론은 크게 두 가지로 분류된다. 개인적인 종말론죽음, 부활, 심판, 영원한 거처 등과 우주적, 또는 예언적 종말론언약, 휴거, 대환란기, 예수의 재림, 천년왕국 등을 이야기한다. 이는 인간의 영역이라기보다는 하나님 권능의 영역이기 때문에 인간의 이성과 상식으로 믿을 수 없는 것들이다. 그러나 뜻의 의미에서 그 자리가 바로 선다면 실로 없어서는 안 되는 진리임을 알 수 있다. 성경의 종말론은 섭리의 완성, 구원과 부활의 의미에서 오메가라고 보아야 할 것이다. 또한 오메가는 인류 역사를 인도하는 정신적 부활이다. 심판의 종말을 믿는 믿음은 바로 하나님의 의를 이루는 것이다. 신앙적 사관은 물질의 질서로 우주 역사를 해석하는 유물론적 사관이 아니라 영적 질서로 역사를 해석하기 때문에 자연 속에서도 창조의 섭리를 볼 수 있고, 인간과의 관계성 속에서도 하나님의 인격성을 보기도 한다. 따라서 눈에 보이는 사실의 현상계와 뜻의 의미 세계는 서로 다른 질서로 움직임을 이해한다면 종말론은 생명의 정수임을 알 수 있다. 가령, 하나의 몸은 보이는 여러 지체를 가지지만 실상 죽음에 이르게 하는 병은 '절망'처럼, 보이지 않는 마음의 지체가 병들어 죽음으로 이르게 한다. 성경의 신앙적 사관은 영적 맥락에서 생명과 부활을 이야기하고 있다. 그렇다면 보이지 않는 마음의 지체는 하나님의 말씀으로 무장하여 우주 세계의 질서를 본다면 종말론은 하나님 구속계획의 완성이며 천국 소망의 확신이다. 우리가 마지막 돌아가야 할 영적 본향이다. 성경은 "만일 그리스도 안에서 우리가 바라는 것이 다만 이 세상의 삶뿐이면 모든 사람 가운데 우리가 더욱 불쌍한 자이리라"라고 말한다. 고전 15:19.

성경 속에 나타나는 수많은 사건은 사건 자체로 끝나버리지 않고, 복음의 역사와 날줄과 씨줄로 엮어져 하나님의 뜻이 이 땅에 이루어지는 섭리가 있다. 예수가 이 땅에 오기까지 구약의 모든 역사적 사건은 메시아 예수에 초점을 두고 진행되어 왔다. 인류와 예수의 만남은 최초의 종말론적 신앙에 표적이라고 볼 수 있다. 즉 예수의 죽음과 부활이 종말론의 확증이라 할 수 있다. 인류에게 던져진 확실한 소망은 종말론이다. 한 예로 설명해 본다면, 남과 북의 분단이 70년이 되었다. 역사적 관점에서 이 분단은 아픔의 시작이요, 분단의 끝은 종말이라고 본다. 여기서 종말은 신앙적 사관에서 보면 죽음이 아니라 하나님의 섭리가 작동된다. 분단의 종말은 현 분단의 상태가 종말을 고대하는 소망이다. 하나님 섭리의 관점에서 남과 북의 통일은 분단의 종말을 고하는 선한 의지의 연합이요, 민족을 살리는 생명의 에너지가 될 수 있다. 예수가 이 땅에 오심으로 분단되었던 인간과 하나님의 관계가 회복되고, 예수의 십자가의 죽음을 통해서 죄의 종말과 생명의 부활을 본 것이다. 예수는 승천하시면서 재림을 약속했고, 그 재림은 신자와 하나님과의 인격적 연합의 완성이며 종말이다. 성경 마가복음 13장 전체는 예수의 재림으로 인한 종말의 때를 누구도 알 수 없다고 분명히 한다. "그날과 그 시간은 아무도 모른다. 하늘의 천사들도, 아들도 모르고, 오직 아버지 하나님만 아신다고 했다. 그러니 주의하라, 항상 깨어 있으라"라고 한다막 13:32-33.

이 말을 하나님의 관점, 신앙적 사관에서 해석한다면, 하나님의 뜻으로 해석해야 한다. 즉 신자 각자 안에 내재한 성령님과 깊은 인격적 친교를 통해서, 삶 속에서 하나님의 의를 확증하고 매 순간 새사람으로 반응하면서 거룩한 삶을 구현하는 것이 예수 재림의 뜻을 준비하는 신자의 자세라고 본다. 인간은 언젠가는 죽는다. 늘 종말을 의식하고 사는 믿음의 삶이 중요하다. 따라서 종말은 신앙적 사관에서 가장 아름답고 거룩한 표현이다. 즉 통일은 남과 북의 연합이요, 가장 거룩한 함성이 될 수 있다. 이처럼 기독교의 오메가는 하나님의 뜻이 우리의 마음과 합치되는 사건이다. 육신의 죽음이 종말이 아니라 부활하는 생명이 종말이다. 이는 죽음을 통한 생명의 질서다. 하나님의 창조 행위는 태초에 한 번에 창조로 끝난 것이 아니라 지속성을 갖고 창조하고 인간을 통해 세상을 변혁하고 새롭게 한다. 이 지속적인 창조 행위는 파괴된 질서의 회복 행위뿐만 아니라, 영광의 세계를 향한 새 하늘 새 땅을 향해 창조해 나가는 종말론적인 창조 행위다.

결국 최후의 대심판은 창조와 섭리와 함께 인류에게 주어진 가장 거룩한 소망이요, 아가페다. 예수님은 사역의 시작점에서 "회개하라 천국이 가까이 왔다." 다시 말하면 너의 삶을 지금 당장 고쳐라. 하나님 때와 나라가 여기 있다. 구원의 때와 영원한 생명인 영생의 길을 선포하는 뜻이다. 이 얼마나 명료한 역사의 현장인가? 회복의 때와 장차 갈 곳과 방향을 알려주는 메시지가 아닌가. 이 복음이 바로 미래의 창이 아닌가? 이 미래의 창은 '회개'라는 현실의 회복을 통해서 종말, 구원과 영생의 길을 예언하고 있다. 이처럼 우주 역사의 생명과 지속성이라는 맥락적 차원에서, 그 뜻이 되어 가는 것을 깨닫는 자는 미래를 내다보지 않고는 못 한다. 예수는 하나님의 뜻의 맥락을 종말론적 시각에서 죽음과 부활로 인간 세상에 회복과 소망과 소명을 던져 주었다.

이상의 내용을 총체적으로 간략히 정리해 보면, 본 장에서는 종교적 역사관, 그 해석의 초점을 '생명'과 '지속성'에 두고, 성경에 바탕을 둔 신앙적 사관을 살펴보았다. 우주 역사의 바탕, 시작創造과 끝終末의 우주적 사관에 대한 근본적인 질문과 대답의 유추다. 생명과 지속성이 품고 있는 메시지는 창조주 하나님의 섭리에 있다. 그 섭리의 중심은 아가페Agapē이다. 이는 우주와 생명의 근원이 하나님의 뜻에 있다는 것이다. 이 뜻이 예수의 '십자가 사건'을 통해 하나님과 인간의 인격적 만남에서 성취된다. 따라서 기독교의 신앙관은 우주적 사관이고 참 종교로서, 이웃 사랑의 실천이 창조주 하나님의 선한 의지의 표상表象이다. 그 선한 의지가 생명과 지속성을 역사 속에서 구체화하는 것이 하나님의 섭리다. 이 사랑의 온전한 뜻이 "하나님은 알파요, 오메가시다"라고 함축 표현하고 있다고 할 수 있다.

제3장

한국 교회사 조망

한국 교회사를 조망하는 것은 한국 교회사를 신앙적 사관으로 이해함이다. 역사에 응용 못 되는 종교는 뜻이 없다고 함석헌 선생님이 말했다. 그렇다. 교회는 산 역사의 행진을 위해 서 있다. 하나님이 역사에 품고 있는 깊은 섭리의 비밀이 있다. 그 역사의 비밀은 하나님의 뜻이고, 그 뜻은 하나님의 선한 의지다. 그 선을 위해 쓰임 받는 손길 위에 우리가 서 있다. 그것을 깨닫는 것이 뜻의 포착이다. 한국 기독교가 이 땅에 전래되고 오늘에 이르기까지 이 땅의 역사와 호흡하면서 살아왔다. 하나님은 이 땅의 우리 민족에게 분명 역사적 부름이 있다. 그 요청이 하나님의 섭리다. 그 섭리의 뜻을 깨닫고 우리에게 엄숙하게 맡겨진 사명을 주목해야 한다.

1. 한국 개신교 교회사 일별

　기독교는 구교천주교와 신교개신교를 합하여 일컫는다. 본서에서는 한국 개신교에 초점을 두고 있기에, 먼저 구교인 한국 천주교의 초기 전래 역사를 일별하고 개신교 교회사의 변천 과정을 짚어본다. 이 땅에 기독교가 들어온 것은 지금부터 약 239년 전이다.

　천주교는 조선 후기 정조 7년 1783년 겨울, 동지사의 서장관書狀官으로 갔던 27살의 이승훈李承薰이 북경에서 천주 교사의 전도를 통해 입신하여 세례를 받고 돌아왔다. 그 후 그의 인척이 되는 이종환·정약종·정약용 등을 중심으로 남인 중의 유식자들이 공감하여 믿고, 여러 신앙모임을 통해 널리 포교되었다. 초기 천주교가 서학으로 학문의 자리에 있을 때는 나라로부터 핍박이 없었다. 시간이 지나면서 신앙적 위치에 오르면서 천주학이 사종邪宗으로 배척되었다. 특히 유교 사상이 조선 사회를 지배하는 문화에서 조상 숭배에 대한 제사祭祀의 거부가 천주교에 대한 직접적인 탄압의 실마리를 제공했다. 1801년 순조 원년, 신유년에 교도의 지도자인 이승훈 · 이가환 · 정약종이 죽고 정약용은 유배를 당하였다. 이 시점에 약 3백여 명의 신도가 순교하였다. 선교사 주문모周文謨 신부 또한 20대 청년으로 노량진에서 형장의 이슬로 사라졌다. 주문모가 순교한 이후, 30년이 지나서 1836년 프랑스 신부 모방Pierre P. Mauban이 의주로 잠입했고, 그 뒤를 이어 암베르 · 사스탕 두 사람이 들어와 다시 교세가 확장되기 시작했다. 그러더니 1839년 헌종 5년, 기해년에 다시 박해가 시작되어 세 사람 모두 온갖 고초를 겪다가 순교하고 신도들도 많이 희생되었다. 이 같은 위기 가운데 최초의 한국인 신부가 된 김대건金大建 신부의 활동으로 1845년 해외 선교사가 입국하면서 신도가 수만 명에 이르렀다. 이런 가운데 또다시 고종 3년, 병인년에 대원군의 핍박으로 아홉 사람의 외국인 선교사가 순교하고 수만 명의 신도가 희생됐다.

주문모 신부   피에르 모방 신부   김대건 신부

이후 대원군의 쇄국령鎖國令으로 선교사의 입국이 어려워지더니 대원군의 실각으로 핍박이 서서히 멈추기에 이르렀다. 이처럼 천주교의 전래 역사는 유교 전통과 충돌, 남인 중심의 교세로 인한 사색 당쟁의 희생, 보수적 쇄국정책, 원시적 종교신앙인 미신과의 충돌 등이 박해를 받는 원인이 되었다. 한마디로 박해와 순교가 점철되는 천주교의 역사다. 반면 개신교는 50년 뒤에 들어왔고 지향하는 접근 방법에 있어서 천주교와 다소 차이를 보인다. 본서의 취지에 따라 한국 개신교의 변천 과정을 크게 3시기, 초기 접촉과 선교의 시작과 발전 · 일제 강점기 · 해방 이후로 나누어 조망한다.

○ 초기 전래와 선교의 출발

개신교는 천주교보다 반세기 뒤에 들어왔다. 선교사로서 처음 한국에 발을 디딘 사람은 1832년 2월과 7월, 두 차례 독일의 프리츠 출신의 귀츨라프Karl. F. A. Gützlaff 목사로 화란 선교회에 소속된 선교 목사였다. 그는 당시 중국 선교의 꿈을 이루고자 2차 항해 도중 조선의 서해안에 도착하여 그 주위를 탐사하며 장산갑長山岬과 군산만의 조선인에게 한문 성경과 교리문서를 전하여 주고 통상교섭의 뜻을 전했으나 성공하지 못하고 돌아갔다. 그 후 1866년 영국인 로버트 토마스Robert J. Thomas가 선교와 통상을 목적으로 미국의 제너럴셔먼General Sherman호 배를 타고 서해안에 도착하여 평양성 부근과 만경대, 대동강 장사포

등에 닿아 한문 성경과 전도 문서를 나누어 주었다. 하지만 선교의 뜻을 이루지 못하고 동년 9월, 27세의 젊은 나이로 조선인 병사에 의해서 참수당했다. 이 사건을 계기로 한국 개신교는 토마스를 한국 최초의 순교자로 간주하고 있다. 또한 그의 순교로 평양은 한국의 예루살렘이 되었고 그 영향으로 후일 평양교회가 세워졌다. 특히 토마스를 한국에 파송한 알렉산더 윌리엄슨 Alexander Williamson 은 1867년 만주를 내왕하면서 조선인을 상대로 성경과 전도 문서를 전하면서 복음 전파에 힘썼다. 그는 『북중국, 만주, 동몽고 여행기 및 한국사정』1870 이란 책을 출판하였다. 이 책은 당시 한국 국내 상황을 상세히 설명하여 선교사의 한인 접촉을 위한 이정표 역할을 하였다.

귀츨라프 목사

토마스 목사

존 로스 목사

보다 본격적으로 한국에 선교가 시작된 것은 1870년대 만주를 통해서였다. 스코틀랜드 장로교회의 파송으로 한국 전도의 목적하에 만주에 와 있던 신학박사, 존 로스John Ross 목사다. 그는, 그의 매형 매킨타이어John Mcintyre 와 함께 만주 봉천과 우장에서 사역하면서 최초로 성경을 한글로 번역, 인쇄하여 많이 들여보내었다. 바로 이 고장이 한국 교회 수립을 위한 선구지先驅地가 되었다. 그리고 1879년에는 백홍준·이응찬·이성하·김진기에게 세례를 베풀었다. 이것이 한국 최초의 기독교 세례였다. 일반적으로 선교가 활성화된 계기는 대원군 퇴진 후, 1876년 「조일수호조약강화도조약」으로 문이 열리고 이어 1882년 「조미수호통상조약」이 체결된 이후이다. 이는 미국인이 조선에 들어올 수 있는 직접적인 계기를 마련해 준 사건이었다.

초기 개신교의 접촉이 북방지역에서 시작되었지만 동남으로 일본에서도 하나님의 역사가 시작되었다. 1822년 9월에 고종이 보낸 '신사유람단' 박영호의 비공식 수행원으로 동행한 이수정李樹廷은 일본에서 기독교 신앙을 받아들이고, 일본인 야스가와安川亨 목사에게 세례를 받았다. 그는 일본에 머물면서 한인들에게 기독교 신앙을 간증하고 일어와 중국어 성경을 한국어로 번역하여, 1884년 미국 성서 공회에서 발간되었다. 당시 이수정은 미국과 한국의 변화된 상황을 설명하면서 미국이 적극적으로 한국에서 선교사업을 시작해 달라는 진정서를 미국 여러 교회에 보낸 결과, 감리교 선교사 로버트 맥클레이Robert S. Maclay가 고종의 윤허를 얻어 정부 선교사로 공식 입국할 수 있었다. 그 후 맥클레이 박사와 김옥균은 조선에 기독교 교육사업과 의료 사업의 공식 허가를 국가로부터 받아 적극적인 교육, 의료활동에 길을 열었다. 이수정은 정부의 고관으로 그의 학식과 지위를 인정받아 동경제국대학교 한국어 교수가 되어 유학생들에게 전도하여 동경에 최초의 또 다른 한인교회를 세워 1886년 귀국까지 선교에 힘쓰다가 관헌에게 체포되어 촌단寸斷이라는 극형을 받았다. 이처럼 초기 개신교의 접촉은 중국 선교의 목적으로 온 서구 선교사로부터 시작되었지만, 한국 선교의 시작과 부흥의 초석을 까는 데 하나님의 뜻이 있었다.

이수정

맥클레이 선교사(좌)와 김옥균(우)

한국 땅에 실질적으로 선교가 시작된 것은 이수정의 노력으로 1884년 6월 일본 주재 미국 감리교 선교사 맥클레이가 조선에 와서 김옥균의 도움으로 고종으로부터 교육과 의료 사업을 할 수 있도록 허락을 받은 이후다. 같은 해 9월 미국 공사관의 공의公醫로 미국 장로교회 의료선교사 알렌Horace N. Allen 박사가 입국하였는데, 그는 갑신정변에서 치명상을 입은 민영익을 고침으로 어의御醫가 되어 왕실과 깊은 교분을 맺었다. 그 후 그는 고종의 도움을 얻어 우리나라 최초의 서양식 국립병원인 제중원濟衆院, 1885년 4월 14일 설립을 세웠다. 이어 1885년 4월 5일 부활

주일에 미국 장로교회의 언더우드H. G. Underwood 와 미국 감리교회의 선교사 신혼부부 아펜젤러H. G. Appenzeller 가 인천 제물포에 입국하면서부터 본격적인 선교가 시작되었다. 이들은 제물포 항에서 하나님께 기도를 드렸다. 당시 기도문은 기록으로 전한다. "조선 백성들에게 밝은 빛과 자유를 허락하여 주옵소서"라는 그들의 기도가 138년의 세월 속에 이 땅에 밀알이 되어 꽃을 피웠다.

| 알렌 선교사 | 언더우드 선교사 | 아펜젤러 선교사 |

두 분이 뿌린 복음의 씨앗이 일제 강점기를 거치면서 3·1 운동과 항일 독립운동으로 이어져 조국의 광복을 이루는 데 원동력이 되었다. 이후 감리교 선교사인 아펜젤러는 인천을 중심으로 선교에 힘써 최초의 감리교인 '내리교회'를 세웠고, 이를 중심으로 교세가 확장되었다. 반면 언더우드는 한양과 조선의 지배층을 중심으로 선교활동을 펼쳤다. 당시 기독교에 대한 저항이 국민 정서에 자리 잡고 있었기 때문에 이들의 선교 전략은 제중원의 업무를 도우면서 근대식 교육 및 의료 사업을 시

작하여 서울을 비롯한 지방 곳곳에 영향을 미치도록 했다. 그 결과 배재학당1885, 이화학당1886, 경신, 정신, 대성, 오산학교와 같은 기독교 학교들이 동시다발적으로 많이 설립되었다. 이 시기에 개신교가 한국에서 개척한 3대 사업인 선교宣教·교육·의료의 주춧돌을 놓았다. 또한 YMCA, YWCA 선교회, 전도대, 계몽대가 생겨 기독교적 봉사 정신을 함양하고 사회의 어둠을 깨우쳤다. 당시 정부는 미국 선교사들로부터 서양 문물을 수용하기를 원했지만, 초기 선교사들의 사역은 의료와 교육에 한정돼 있었고 복음 전도는 상대적으로 제한되어 있었다.

한국 개신교회가 한국 사회에 널리 확산된 기폭제는 동학란, 청일전쟁, 갑오경장이다. 이들 사건은 1894년, 동년에 동학란을 시작으로 연이어 일어났다. 이 셋은 뜻이 다르긴 해도 폐쇄적이고 부패한 폐정을 개혁하는 데 동인動因이 되었다. 특히 청일전쟁은 '메이지유신明治維新. 1867'하에 서양 문물을 적극적으로 받아들여 전통적 봉건제 국가를 밀어내고 새로운 문명국으로 탄생한 일본이 동북아 제국주의의 야욕을 드러내 보인 사건이다. 여기서 주목할 것은 메이지유신이다. 메이지유신 정부의 첫 목표가 전통적 봉건 체제를 해체하는 것이다. 당시 조선 말은 내적으로 유교의 한계로 나타난 쇄국정책, 외적으로 외세의 세력다툼 속에 나타난 부패한 실정이었다. 이처럼 19세기 후반 한반도는 전쟁과 서양 문명의 위력으로 한편으로는 큰 충격을 받았고, 또 한편으로는 각성을 촉구하는 계기가 되었다. 이에 따라 정부는 갑오경장을 통하여 대대적인 개혁을 단행하였다. 이런 상황이 한국 선교의 신호탄이 되었다.

당시 평양의 그레이엄 리Graham Lee, 李吉咸 선교사는 "전쟁은 한국인의 마음에 큰 충격을 주어 정신을 일깨웠고, 삶의 참 길이 무엇인지를 찾아보게 만들었다. 한국에 복음을 전파할 수 있는 절호의 시기가 왔다. 그러므로 선교사를 더 많이 보내어야 한다"라고 자국에 호소하고 있다. 또 1895년 마포삼열馬布三悅은 "평양에서의 활동은 이제 개척 전도의 단계를 지나 확고한 기반을 닦기 위한 단계로 접어들었다"라고 하였다. 당시 선교사들의 복음 운동은 신앙, 도덕, 생활 개선 등을 겸한 것이어서 민족정신의 개조와 사회풍속의 개량에 영향을 주어 흡수력이 매우 빨라 신자의 수가 나날이 확장되어 나갔다. 이런 상황에서 기독교는 한국 사회를 새롭게 만들 개혁의 주체 세력으로 부상하였다. 그 결과 많은 사람이 기독교에 입문하였고, 기독교도들은 독립협회와 만민공동회를 주도하면서 근대적인 민족운동을 이끌어 나갔다.

마포삼열

그레이엄 리(이길함, 가운데)

19세기 후반, 한국은 누란지위에서 갈팡질팡할 즈음에 사회적인 불안과 공포에 휩싸인 수많은 민중이 소망의 불빛을 찾아 교회로 몰려들기 시작하였다. 이즘에 선교사들도 이들에게 진정한 구원의 신앙이 필요하다고 생각하였다. 이를 계기로 발생한 것이 1903년부터 시작하여 1907년에 절정을 이룬 '대부흥운동'이었다. 1903년 감리교 선교사들이 원산에 모여 중국 주재 감리교 선교사 화이트Miss M. C. White 양의 인도로 일 주간 기

도회와 성경 공부 집회를 개회한 일로 부흥 운동의 시발점이
되었다. 그 후 1907년 1월 6일 평양 장대현 교회에서 대사경회
가 모였고 당시 길선주 목사의 역할이 놀라웠다. 그레이엄 리의
설교도 있었다. 이때 수많은 신자가 죄 고백을 통해 신앙의 힘
을 얻었고 전국적으로 부흥 운동이 불길처럼 타올랐다. 이 부흥
운동은 철저한 회개와 새로운 삶으로 나타났으며, 이러한 각성
을 통하여 기독교는 한국인의 심성에 조금씩 뿌리내리게 되었
다. 아울러서 신앙의 힘으로 나라를 구해 보려는 애국정신도 갖
게 되었다.

○ 일제 강점기

이 시기는 1910년에서 1945년까지, 약 35년 동안 일제 강
점기로 교회 성장과 신앙투쟁기라 할 수 있다. 일제 강점의 시
작은 1910년대한제국 융희 4, 한 · 일 합병경술국치으로 출발된다. 일
본은 식민지배의 전초전으로 1905년에 한국의 외교권을 강탈
하기 위해 강제적으로 을사늑약乙巳勒約을 한 후, 5년 뒤 1910년
한 · 일 합병을 체결하였다. 이로 인해 대한제국은 일본에 강제
침탈되어 소위 일제 강점기가 시작된다. 한 · 일 합병은 한국 기
독교의 상황을 매우 어렵게 만들었다. 일제日本帝國主義는 기본적
으로 기독교를 반일 사교邪教 단체로 낙인찍고 제국주의 야욕
실현에 걸림돌로 여겼다. 따라서 탄압의 집중 대상이 되었다.

이를 증명해 주는 대표적인 사건이 '105인 사건'과 '신사참배'이다. 105인 사건은 일제가 기독교 지도자들이 데라우치 마사타케寺內正毅 총독 암살을 기도했다고 조작하여 탄압한 것이다. 이 사건은 교회 세력이 가장 흥하고 교육기관이 많고 반일 사상이 가장 강한 평양, 정주, 선천 출신들이 중심인물로 조직된 '신민회新民會'를 타도하려고 허위 조작한 일본의 비인간적인 만행이었다. 이로 인해 수많은 교회 지도자들이 감옥에 투옥되고 악랄한 고문으로 희생됐다.

신사참배는 기독교의 교리와 정면으로 부딪치는 억압행위였다. 1930년대 일본이 만주사변1931을 일으켜 대동아 침략 야욕을 불태우면서 승전 목표의 정신통일을 일본 신사信思에 두었고, 내선일체內鮮一體의 강조와 민족사상의 거세를 꾀했다. 신사는 일본의 토착적 종교로서 국가적 신들을 섬기는 신도神道이다. 즉 일본 국조와 국가 유공자와 유공 군인을 제사하며 그 신들의 의사를 받아 잘 산다는 제사 의식으로 신도 사상에 근거하고 있다. 따라서 만주사변의 참전 정신을 통일시킬 정책으로 남산에 '조선신궁'과 모란봉 기슭에 '평양신사'를 위시하여 전국 시·도·읍·면까지 신사를 지어놓고 이에 참배를 강요했다. 이에 대해 일부 기독교는 신사참배가 종교 행위가 아니고 국민의례라는 총독부 입장을 받아들였으나, 당시 한국의 가장 큰 교단인 장로교회는 우상숭배이므로 신앙 양심상 허용할 수 없다고 강하게 저항하며 반대 투쟁을 벌였다.

장로교 총회에서 신사참배를 결의한 후, 평양신사에서 목회자와
교인들이 신사참배하고 있다(1938년 9월 12일 조선일보)

　일제는 이에 굴하지 않고 심지어 기독교 학교와 교회에 신사
참배를 강요하고 경찰력을 동원하여 1938년 장로교 총회에서
신사참배를 가결하도록 했다. 또한 일제는 성결교회를 비롯한
중·소 교단들의 종말 신앙이 일본의 천황제와 배치된다고 해
서 교단을 폐쇄시켰다. 일제 강점기의 한국 교회는 환란과 수난
의 시기로 일명 암흑기라고도 볼 수 있지만, 전국에 신앙의 씨
가 맹아 되었고, 계몽·발전의 정체성을 확립한 기간이라고 할
수도 있다. 그뿐 아니라 한국 개신교는 세계와 소통할 수 있는
중요한 통로였고 겨레와 함께하는 공동체적 책임을 훌륭하게
수행하며 교회에 대한 일반 국민의 인식이 가히 혁명적이었다.
　특히 제1차 세계대전 이후 해외의 기독교인들은 미국 윌슨
대통령의 민족자결주의를 듣고, 이 소식을 국내에 전하여 3·1
독립운동을 할 수 있는 계기를 만들어 주었다. 3·1운동 직후,

1907년 대부흥에 버금가는 교회 성장과 급격한 발전을 이룩하였다. 이는 민족을 위한 종교적 사명, 즉 대사회적 고통 분담 책임을 공유했기 때문이다. 3·1독립운동은 종교단체와 교육기관을 통하여 일어난 민족자존의 위대한 사회운동이었다. 독립운동 시위와 독립선언서 대표 33인 중 기독교 16인, 천도교 15인, 불교 2인이었다. 이로 보아 3·1운동의 발생지가 교회였고 기독교 지도자들이 이끌었다고 해도 과언이 아니다. 미국에서는 이승만, 안창호와 같은 기독교 지도자들과 연계해서 독립운동을 하고, 국내에서는 이승훈을 중심으로 한 기독교인들은 천도교인들과 손을 잡고 전국에 산재한 지역교회가 중심이 되어 운동을 이어갔다. 한마디로 3·1운동과 교회는 일체 동심이라 해도 과언이 아닐 것이다. 특히 주목해야 할 것은 3·1 독립선언서의 자주독립과 비폭력 평화정신과 인도주의는 기독교 정신에 기초를 두고 있다. 아울러서 선교사들을 통하여 3·1운동의 참상을 국제사회에 알려, 일본으로 하여금 조선의 식민지 정책을 1920년부터 무단정치를 포기하고, 문화정치를 실시하도록 하는 데 일조하였다. 무단통치 기간에는 각종 교육령을 만들어 총독부에서 직접 미션스쿨을 통제하였고 포교 규칙을 제정해 교회의 집회와 설립도 허가를 받도록 강요했다.

3·1운동 이후 한국 교회는 한편으로는 영적인 측면에 치중하여 종말을 기대하는 신비적인 방향으로 나가는 것도 있었고, 다른 한편으로는 사회개혁 운동인 물산장려운동을 통한 민족

자본 육성, 신교육을 통한 실력 양성, 금주 금연의 절제 운동을 통한 도덕의 재무장, 농촌계몽 운동, 청년 운동YMCA, YWCA 등에 힘을 쏟았다. 이뿐만 아니라 주일 교회 학교를 통한 기독교 교육 확대와 일본, 시베리아, 만주, 중화민국으로 선교의 출발이 되었다. 또한 1920년대 한국 개신교는 공산주의 도전을 받아 큰 위기를 경험하기도 한다. 3 · 1운동 실패로 교회 운동으로는 독립을 쟁취할 수 없다는 의식이 생기자 공산주의 침투가 쉬웠다. 조봉암을 중심으로 일본을 통해 수입된 공산주의는 순식간에 교회로 들어오면서 심하게 시달렸다. 기독교는 공산주의와 양립할 수 없는 무신론 집단으로 간주하기 때문에 피할 수 없는 도전이었다. 그 후 교회는 반공이 사회운동으로 개념 지어지기 시작했다. 1940년 미국과 일본의 관계가 악화되면서 미국 선교사들은 한국에서 철수하였고, 태평양전쟁이 시작되자 일본은 미국 유학파 목사들을 친미 인사들이라는 이유로 목회 일선에서 추방하였다. 당시 일본은 한국 기독교를 서양 기독교와 분리하여 동양적 사이비 기독교를 만들려고 했다.

○ 해방 이후, 오늘까지

한국 개신교 100년사는 해방 전 50년, 해방 후 50년으로 크게 나누어진다. 전반은 기독교 전래와 선교 시작, 일제 강점기의 신앙 박해에 따른 신앙 투쟁, 국권 회복을 위한 친일 투쟁과 사회개혁 등으로 기독교 정신의 안착 계기라 할 수 있다. 후반은 양적 성장과 동시에 세속화 초래 위기 등 다양한 도전에 직면하고 있다. 해방은 고난의 선물로 도둑같이 찾아왔다. 교회와 민족은 환희의 날이 되었지만 남과 북의 기독교는 각각 다른 상황에 놓여 있었다. 일단, 남북에서 「일본 기독교 조선 교단」으로 강제 통합되었던 것이 해방으로 풀려나자, 각 교단은 이전 교단으로 복구하는 눈부신 활동이 펼쳐졌다. 일제 강점기 때 시달린 시민들은 대거 교회로 밀려들어 새로운 부흥과 더불어 교역자들은 신사참배와 전관에 시달린 자신들의 정화를 위해 수양회를 통해 참회의 기간을 가졌다. 교회 재건을 위해 장로교, 감리교를 중심으로 노력했으나 결국 신사참배 반대로 감옥에서 출옥한 교직자 · 성도와 기성교회 교직자들 간의 갈등으로 교단이 갈라지는 아픔이 있었다. 그 이후에도 이런 문제들로 분열과 합동이 끊이지 않았다. 또한 해방 직후 남북의 기독교는 상황의 차이는 좀 있었지만 둘 다 공산당과의 충돌은 피할 수 없었다.

남한에서는 1948년 10월에 여수와 순천지방에 공산당의 대반란이 일어났다. 민족진영 인사와 투쟁 학생들을 색출하여 학살하는 폭동이었다. 이때 손양원 목사의 두 아들이 인민재판에 회부되어 총살형으로 순교하였고, 동년 11월에 대구에서 반란이 일어났는데 총지휘자가 목사였다는 사실이 밝혀졌다. 이에 대한 책임을 경북노회가 짊어지고 국가 평화를 위한 3일간 금식기도를 선포하고 일제히 금식기도에 들어갔다. 또한 북한에서는 김일성 공산정권의 수립은 북한교회와 교회 지도자들에게 중대한 시련을 겪도록 하였다. 공산당은 그들의 통치 철학에 비추어 기독교를 아편으로 여기고 회유와 탄압을 통해 기독교 말살을 기도했다. 이로 인해 많은 북한 기독교인이 월남하게 되었다. 한편 남한에서는 상당수의 기독교 신도가 미군정1945~1948 업무에 참여했다. 사실 해방 후 한국 개신교는 민주주의 체제를 수호하는 핵심적인 역할을 했다. 이승만, 김구, 김규식 등 주요 민족지도자들은 독실한 기독교인이었다. 특히 이승만은 서구 민주주의 체제를 한국 정치에 도입하여, 대한민국 건국에 기초를 다지고 초대 대통령이 되었다. 또한 1948년 제헌국회는 이윤영 목사의 기도로 시작되었다.

제헌국회 개회식 이윤영 목사 기도(1948년 5월 31일)

이도 잠시 1950년 6 · 25전쟁이 일어나자, 한국 개신교는 해방 직후부터 남북한 지역에 만연한 공산당 운동과 북한 김일성 공산정권에 저항하면서, 정부와 더불어 반공 전선을 강화하면서 전쟁으로 폐허가 된 나라를 재건하기 위해 미국과 UN에 지원을 요청하였다. 6 · 25전쟁이 끝나자 한국 개신교는 서울을 중심으로 해외 선교사들의 도움으로 교회 재건 운동이 전국적으로 펼쳐졌다. 특히 미국 기독교는 전쟁 시 한국에 막대한 원조를 제공하였고, 이와 더불어 한국 개신교는 교육 · 의료 · 문화 및 사회사업 등 다양한 분야에서 봉사와 전도에 힘썼다. 그 결과 1960년 초반까지 정부수립과 사회발전에 큰 역할을 하였고 한국 개신교의 성장 토대를 구축했다.

1960년대에 접어들면서 이승만 정권이 4 · 19의거로 무너지고, 제2공화국 장면 내각이 좌우 이데올로기에 휩싸여 유약한 국정 운영으로 1960년 5 · 16 군사 정부가 들어섰다. 박정희 정부는 1962년부터 제1차 경제개발 5개년 계획을 시작하여 1970년대 후반까지 근대화의 불을 지피어 산업화와 도시화를 통해 압축성장을 이루었다. 이 시기에 한국 개신교는 한편으로는 신학발전 관점에서 여러 신학 주장이 나타났다. 즉 평신도 신학, 자주적인 기독교의 한국 토착화 운동, 현실 참여를 강조하는 신의 선교 신학, 민중 신학, 여성 신학, 포스트모던 신학, 영성 신학, 생태학적 신학 등이 성서 신학자들로부터 회자되었다. 또 한편으로는 한국 교회의 부흥 운동이다. 부흥 운동은 한국 사회를 비관주의에서 긍정적인 사고를 강조하는 낙관주의로 만들었다는 점에서 의미가 매우 크다. 또한 1960년대의 민족 복음화 운동을 시작으로 1970년대를 이어오면서 서울 여의도 광장에서 대성회를 가져 많은 양적 성과를 얻었다. 한 예로 1973년 '빌리 그레이엄Billy Graham 전도 집회'로 100만 성도가 여의도 광장에 집결했다. 1974년 한국 대학생 선교회C.C.C.가 주축이 되어 실시한 국제적인 대전도 집회인 '엑스플로 74'1974 년 8월 13일부터 8월 18일까지 5·16 광장. 현. 여의도공원에서 개최된 한국 개신교의 부흥 대성회, 1978년 한국의 부흥사들을 중심으로 한 '민족 복음화 성회' 등의 대형 부흥 집회로 교회의 양적인 성장뿐만 아니라 지역 저변 확대에 크게 기여했다.

빌리 그레이엄 여의도 전도대회(1973)   Billy Graham 목사

또한 각 교단은 1984년 선교 100주년을 앞두고, 교회 성장 운동으로 예장 합동 측의 '일만 교회 운동', 감리교의 '5000 교회 운동', 통합 측의 '300 교회 개척 운동' 등이 있었다. 이 시기에 한국 개신교는 경제성장과 산업화, 급격한 도시화 등을 통

해 양적 수직 성장을 이루었다. 동시에 진보적인 기독교인들은 근대화라는 압축성장을 지향하는 군사정권의 독재화에 저항하며, 한국 민주화운동의 주요 세력으로 등장했고 압축성장의 후유증으로 발생한 다양한 사회문제의 부작용과 싸우기도 했다. 반면 지나친 종교의 정치적 이념화로 문제점도 발생하기 시작했다. 아무튼 1987년 민주 시민혁명으로 군사정권이 막을 내리면서, 그동안 한국 개신교 내에 내재해 있던 보수와 진보의 갈등은 더욱 표면화되었다. 진보를 대표하는 '한국기독교교회협의회NCCK'는 1988년 한국 교회의 보수적 반공 입장이 남북분단을 고착화하고 통일의 걸림돌이 된다고 강하게 비판하면서, 한국 교회가 반공을 강조한 것을 회개해야 한다는 선언을 발표했다. 이에 한경직 목사를 대표로 하는 한국의 보수적인 개신교 지도자들은 여기에 반대하며, 이것은 한국 기독교의 전체적인 목소리가 아니며 외국의 영향을 받아서 한국의 현실을 무시한 일부의 의견일 뿐이라고 반박하였다. 이들 보수적인 기독교인들은 1989년에 진보적인 '한국 개신교교회협의회'에 대항하여 '한국기독교총연합회'를 만들었고 오늘날까지 한국 개신교의 주류를 대변해 왔다.

문제는 보수 · 진보라 일컫는 한국 개신교 협의회의 이념적 갈등으로 교계뿐만 아니라 사회 일반으로부터 점점 신뢰를 잃어가고 있다는 것이다. 또한 해방 이후 수백 개의 교단과 산하 무인가 신학교가 난립하고 있고, 특히 1970~90년대에 교회의 수직 성장과 함께, 교권 다툼으로 교단의 분열이 가속화되었다. 2018년 문화체육관광부의 발표에 따르면 한국 개신교의 교단 수가 374개로 집계되어 있다. 결론적으로 해방 이후 오늘에 이르기까지 근 70년간을 살펴보았을 때, 1980년 이전까지 한국 개신교는 한국의 근대화에 힘입어 급속한 양적 성장을 이루었지만, 교권 다툼으로 교단 분열의 흑역사를 만들었다. 80년대에 접어들면서 양적 성장은 좀 둔화 현상을 보이지만, 관심 영역의 다양화와 질적 한계 극복을 위한 다방면의 노력이 시도되었다. 반면 세속화에 따른 비성경적인 내용들이 교회 내로 엄습하면서 교권 강화에 따른 교회 관료제화의 병리적 역기능이 만연하고, 세계화·정보화·다원화로 인한 성경적 사회변화 대응 능력의 부족으로 위기를 맞고 있다.

2. 빛과 그늘

지금까지 19세기 후반에 들어온 한국 개신교의 교회사를 초기 전래와 선교 및 부흥 시작, 일제 강점기, 해방 후 오늘에 이르기까지 약 190년간의 발자취를 일별해 보았다. 한국사회의 변천과 더불어 한국 개신교는 빛과 그늘이 공존하고 있다. 교회는 국가사회 공동체 안에서 바른 신앙적 사관을 세울 때 영적 힘이 있다. 즉 신앙적 사관을 바탕으로 민족과 시대적 소명을 함께 일구어야 하는 공동운명체다. '모사재인 성사재천謀事在人成事在天'이란 표현이 있다. 성경적 표현을 빌리자면, "사람이 마음으로 자기의 길을 계획할지라도 그의 걸음을 인도하시는 이는 여호와시니라"잠 16:9. 섭리의 주재자는 동역자로 우리와 함께 그의 뜻, 죄로부터 구원함을 역사 속에 이루는 믿음의 삶이 기독교의 생명이다. 이 같은 관점에서 한국 개신교는 크게 해방 전 50년, 해방 후 오늘에 이르기까지 역사적 뜻을 신앙적 사관의 맥락에서 평가해 볼 수 있다.

해방 전 50년은 초기 개신교의 접촉과 선교활동이 비록 교육과 의료에 한정되어 있었지만, 사명 중심의 복음 전도에 기초를 닦았고 한국 사회의 새로운 뜻을 불어넣기 시작했다. 그 뜻이 하나님의 섭리다. 구한말 쇄국 외교에도 불구하고 청일전쟁, 동학란, 갑오개혁은 뜻이 다르긴 해도 한국인에게 역사의 참뜻이 무엇인지, 반성과 각성을 촉구하는 기폭제가 되었다는 점에서 매우 의미가 있다. 특히 신앙적 사관에서 본다면 한국 복음화에 불을 댕기는 사건들이고, 이 상황에서 한국 개신교는 한국 사회를 새롭게 창조할 주체 세력으로 부상했다. 그러나 1910년 한 · 일 합병은 한국 기독교의 상황을 어렵게 만든 것은 분명하다. 일본은 제국주의 야욕으로 종교를 탄압하고 신사참배 등으로 교단을 폐쇄하고 온갖 방법으로 억압했다. 반면 탄압이 거셀수록 신자들의 신앙심은 더욱 강렬하게 불타오르면서 민족과 함께하는 독립운동의 정신적 주춧돌을 놓는 데 중심적 역할을 했다. 탄압 때문에 보다 성숙한 영적 모습으로 성장하기도 했다.

무엇보다도 하나님의 섭리는 우상의 수단을 통한 한국의 지배 야욕을 물리치고, 고난의 진리를 통해 대한민국을 세웠다는 점이다. 특히 구한말의 유교 전통과 쇄국에도 개화와 더불어 척박한 땅, 병든 시대에 복음의 씨앗이 이 땅에 들어와 맹아 되었고, 일제의 강점과 청국의 간섭과 열강들의 야욕의 와중에도 민족과 더불어 고뇌를 같이하고 성장했다는 점이다. 따라서 한국

개신교는 130여 년간 초기에서 중반까지 온갖 악조건을 무릅
쓰고 고난을 신앙으로 승화시키면서 민중들의 선구자로서 민
족사를 이끌었다. 또한 한국 사회로부터 신뢰와 존경을 받았다
는 점이다. 이처럼 초기 한국 기독교는 핍박의 역사였다. 기독
교 전래 때 제사 문제로, 일제 강점기 때 신사참배 거부로 심한
탄압을 받았다. 그만큼 크리스천으로 산다는 것 자체가 고통스
러운 일이었다. 그러기에 신앙이 순수했다. 해방 후 한국 개신
교는 주요 민족지도자로서 건국에 중요한 역할을 보이면서 자
유 민주주의 체제를 지탱하는 역할을 담당했고, 한국의 근대화
와 시장 자본주의 정신의 토대 구축에 공헌하였다.

　그런데 6·25전쟁을 겪은 후 오늘에 이르기까지 한국 개신
교는 새로운 도전을 받았다. 해방의 기쁨이 채 가시기 전에 동
족상쟁이란 전쟁을 통해 남과 북은 공산주의에 도전을 받아 많
은 희생자를 내었다. 그 후 정부수립 후에도 좌우의 이념적 대
립이 기독교 신자들 간에서도 갈등을 겪게 되는 모습을 보이면
서, 보수와 진보의 정치적 이념으로 교단이 갈라지는 우상적 모
습을 보이기도 한다. 또한 해방 후 한국의 개신교는 신학대학과
신자의 수는 급속히 팽창되었지만, 해방 전보다 훨씬 더 많은
병폐가 우후죽순 표출되고 있다는 점이다. 결론적으로 19세기
말에 들어온 한국 개신교는 한편으로는 독립운동, 건국운동, 근
대화 그리고 민주화운동을 통해서 오늘의 한국 사회를 건설하
는 데 크게 이바지했다. 또 다른 한편으로 한국의 압축성장이라

는 근대화 과정에서 양적 발전과 더불어 세속에 짓눌려 사회로부터 지탄받고 외면당하는 종교로 평가받고 있다는 점이다. 특히 물질 중심의 배금사상이 교회에 들어오면서 교계의 양극화가 극심해지고 이와 더불어 교권주의를 강화하는 온갖 비기독교적인 내용들이 엄습하면서 종교심만 불타지, 빛과 소금의 사명을 점점 잃어가고 있다. 눈부신 외적 성장에 비해 내적 영성은 빈곤하다. 신앙적 사관에서 볼 때 기독교의 정체성인 '생명'과 '지속성'에 위기를 맞고 있다. 본 장은 신앙적 사관에서 한국 개신교의 역사를 통해서 이 민족을 향한 하나님 섭리의 손길이 무엇인지, 그 섭리의 소명에 응답하기 위해 근본 변혁의 대상과 지향점이 무엇인지를 묵상하면서 제4장 '루터 종교개혁 정신에서 본 한국 개신교의 영적 통찰'에서, 자세히 짚어보기로 한다.

제4장

———

루터의 종교개혁과
한국 개신교의 영적 통찰

본 장에서는 마르틴 루터Martin Luther의 종교개혁 정신에서 본 한국 개신교의 영적 통찰이라는 시각에서, 제1절은 우선 506년 전 루터의 신앙적 삶의 궤적을 살피고 제2절은 그의 개혁 사상과 연관하여 한국 개신교의 위기, 교권을 중심으로 한 '한국 개신교의 관료제의 병폐'를 진단하고 제3절은 이의 극복방안으로 제도적 개혁과 함께 목자의 길과 신자의 길을 조명한다. 마지막 4절은 이와 더불어 한국 개신교가 지향해야 할 미래 과제들 위에 역사적·사회적 소명이 무엇인지를 주목한다.

1. 진리의 수호자, 마르틴 루터의 길을 따라
- 비텐베르크Wittenberg에서 보름스Worms까지 -

비텐베르크는 마르틴 루터의 종교개혁에서 시발점이고, 보름스는 루터가 교황으로부터 그의 종교적 신념을 철회하는 것을 거절한 후, 교서教書를 받고 파문당한 곳이다. 필자는 이 역사적 두 장소를 통해 개신교의 탄생과 뿌리를 찾아, 오늘 이 시대에 크리스천이 서 있어야 할 곳이 어디인가를 성찰하는 데

비텐베르크에서 보름스까지 지형도(좌), 비텐베르크(우)

있다. 506년 전 진리의 수호자, 루터의 궤적을 따라가 보기로
한다.

루터1483~1546 는 어떤 사람이었는가? 그는 독일 동부 베를린
남서쪽 신성로마제국의 변방 작센 공국, 엘베강Elbe Fluss 변의 한
적한 시골 아이슬레벤Eisleben 에서 농부 출신 집안의 자녀로 7남
매 중에서 맏아들로 태어났다. 그의 유년 시절은 부모의 엄격한
규율 속에 자랐다. 또한 조부는 농부였지만 그의 아버지는 후에
당시 한창 호황을 누리던 광산업 만스펠트 광산에 뛰어들어 성공하
였다. 사업에 성공을 거둔 그는 아들을 정부 고관으로 만들려고
했다. 루터는 아버지의 염원대로 법률가가 되기 위하여 1501년
봄, 17세 나이로 에어푸르트Erfurt 대학에 입학하여 1505년 초
문학 석사학위를 받고, 상급 과정에서 법학을 공부하고 있을 때
였다. 같은 해 7월 2일 집에 왔다가 학교로 돌아가던 길에 에어
푸르트 근처 슈토터른하임Stotternheim 에서 갑자기 하늘이 어두
워지면서 벼락이 그의 옆에 떨어졌다. 루터는 쓰러져 두려움에
떨면서 "성 안나성모의 어머니여! 나를 구해 주소서, 살려만 주시
면 수도사가 되겠습니다"라고 맹세했다. 그 후 2주를 고민한 후
1505년 7월 17일, 21세의 루터는 부친의 반대에도 불구하고,
에어푸르트에 있는 아우구스티너Augustiner 수도원에 입회하여
수사 신부의 길을 시작하였다루터가 수도원에 들어간 동기는 단지 천둥 때
문만이 아니었음을 훗날 간접적으로 밝히고 있음. 당시 유럽의 많은 수도원이
부패했지만, 이 수도원은 학구적이며 성경 연구에 무게를 두고,

경건한 요한 폰 슈타우피츠Johann von Staupitz 수도원장비텐베르크 대학 초대 신학부 학장의 철저한 운영으로 루터의 신앙 형성에 큰 영향을 주었다. 루터는 "슈타우피츠는 이 개혁 교리에 있어서 나의 영적 아버지며 스승이며 나를 그리스도 안에서 새롭게 태어나게 하신 분이다"라고 했다. 당시 슈타우피츠 박사는 개혁주의자이며 예수님의 공로와 의의 복음을 이해하고 하나님의 사랑을 실천하는 자였다. 또한, 비개혁파 수도사들을 도와 그의 교단이 개혁파로 합쳐지도록 노력하고 있었다.

에어푸르트 아우구스티너 수도원(Erfurter Augustinerkloster): 루터가 1505~1511까지
슈타우피츠 수도원장(스승)하에 수도사로 생활한 곳

　　루터는 수도원에서 수련 기간을 마친 후 수도사 서약을 했고, 1507년 23세로 사제 서품을 받고 첫 미사를 집전했다. 그 후 수도사로서 수도원의 도움으로 비텐베르크Wittenberg 대학에서 신학 공부를 병행했다. 1508년 슈타우피츠 박사의 추천으

로 비텐베르크 대학에서 철학 강의를 하면서 신학을 공부하여 1509년에 신학사 학위를 받았다. 루터는 수도사로서 더 이상 학업을 진행할 이유가 없음을 마음 정리하고 있을 즈음에 슈타우피츠 교수는 그의 비범함을 알아보고 강권으로 학업을 계속하게 했다. 그 후 그의 지속적인 도움으로 작센 공국 선제후, 프리드리히 3세Friedrich der Weise III의 장학금을 받아 공부하여 신학박사 학위를 받았다. 당시 루터는 수도사로서 그의 삶은 피골이 상접할 정도로 엄격하게 계율을 잘 따랐다. 에어푸르트 아우구스티너 수도원은 개혁 교단의 수도원 중 하나로서 매우 엄격한 계율들, 참회와 경건, 금욕과 기도로 새벽부터 한밤중까지 이어졌다. 그러함에도 루터는 순종, 순결, 청빈이라는 전통적인 수도사의 서원을 잘 지켰다. 그는, "수도사는 수도 생활을 통해 천국에 가는 법이니 나도 그렇게 천국에 가기를 희망했다"라고 수도사 시절을 회상했다. 문제는 지나칠 정도로 수도원 계율에 충실한 탓에 의심이 지워지지 않았다. 그는 지난 과거를 회상하며 자신의 무거운 죄의식과 두려움의 공포에 시달렸다. 가령, 사제가 미사를 수행하며 거룩함을 범했을 경우 이중의 대죄를 지은 것이나 고통이 그만큼 클 수밖에 없었다. 하여튼 그에게는 사제로서 정체성의 위기와 함께 죄의식으로부터 자유 함을 얻고자 기도와 금식으로 밤낮 고행을 정진하였지만 영혼의 평화를 찾지 못하였다.

루터를 개혁자의 이미지로 방향 설정을 한 최초의 동상: 아우구스티너 수도사 시절

　이런 깊은 신앙적 양심의 갈등 중에, 1510년 11월 슈타우피츠의 주선으로 루터는 반년 동안 로마 출장을 떠나게 되어 수도사이자 학생으로서의 일상은 잠시 중단되었다. 그의 출장의 본래 목적은 아우구스티너 수도원Augustiner kloster 내의 논란을 조정하는 일이었다. 즉 1510년 아우구스티너파 수도원에서 둘로 갈라져 있는 교단을 통합하고 교단 개혁을 계획, 추진하던 중에 이를 반대하는 자들이 있어 이를 교황청에 호소하기 위하여 루터와 다른 수사 한 명과 함께 로마에 파견되었다. 당시 루터는 성지 로마에 처음 도착했을 때, 소망에 벅차 그의 조부를 연옥의 불에서 구출하기 위해 주기도문을 암송하며 라테라노 Laterano 궁전에 있는 성스러운 계단을 무릎으로 끝까지 오르기도 했지만, 이에 대한 회의懷疑를 지울 수 없었다. 그는 머무는 시간이 지날수록 로마의 사제들에 큰 실망을 하였다. 왜냐하면 로마 성직자들의 형식적인 미사와 그들의 이중적 생활에서 도

덕적 타락을 목격했기 때문이었다. 심지어 그는 "지옥이 있다면 로마가 바로 그곳"이라고 생각했다. 그의 로마 출장 여행 보고 내용은 대부분 신학적 문제들이었고 전반적으로 부정적이고 비판적이었다.

귀국 후 반년이 지난 1511년 가을, 교단에서 29세의 나이로 젊은 사제를 비텐베르크 대학에 신학 강사로 파견했다. 그 이듬해 1512년 10월 18/19일, 그는 이 대학에서 신학 박사학위Doktor der Theologie를 취득한 후, 신학 교수로서 독자적으로 신학 연구에 몰두하면서 여러 교구를 감독하는 교구사제로도 한동안 활동했다. 특히 루터는 신학박사 학위의 자부심이 대단했고 커다란 가치를 부여했다. 비텐베르크 대학은 레우코레아Leucorea라는 별명을 가지고 1502년에 설립되어, 루터와 필립 멜란히톤Philipp Melanchthons 교수의 활동을 통해 세계 역사적으로

- 18./19. Oktober 1512: Martin Luther wird an der Universität zu Wittenberg zum Doktor der Theologie promoviert. Die 1502 mit dem Beinamen Leucorea (= griechisch „weißer Berg") gegründete Universität erlangte durch Luthers und Philipp Melanchthons Wirken weltgeschichtliche Bedeutung. Im Foto das Anfang des 16. Jahrhunderts erbaute Fridericianum, von der Hofseite gesehen. Dieser erste eigens für die Universität errichtete Zweckbau ist nach deren Gründer, Kurfürst Friedrich dem Weisen, benannt.

- 1512년 10월 18일/19일: 마르틴 루터가 비텐베르크 대학에서 신학 박사학위를 취득하다. 레우코레아는 별명(그리스어로는 흰산/또는 하얀 모래 언덕)을 가지고 1502년 설립된 대학은 루터와 필립 멜란히톤의 활동을 통해 세계역사적으로 의미을 얻게 되었다. 사진에는 16세기 초에 건립된 궁정안뜰 쪽에서 바라본 프리데리치아눔이 찍혀있다. 대학을 위해 건립된 이 첫 번째 기능목적건물은 그것의 창시자인 선제후 프리드리히의 이름을 따서 명명되었다.

비텐베르크 대학: 종교개혁의 세계 역사적 의미를 얻게 됨. 루터가 1512년 10월, 이 대학에서 신학 박사학위를 취득하고 교수 생활을 시작함

의미를 얻게 되었다. 이 대학은 종교개혁 시기에 크게 성장하였고, 더불어 1530년대 중반에 비텐베르크는 종교개혁의 로마로 통했다.

루터는 신학자이자 수도회 회원으로서 활동하면서도 끝없는 죄의식과 자책, 회의를 품고 '내가 어떻게 은혜로운 하나님을 영접할까'라는 질문으로 내적 고뇌를 해결코자 치열한 몸부림을 쳤다. 이 절망의 어둠에서 빠져나오도록 도움을 준 사람이 그의 스승인 슈타우피츠의 역할이 컸다. 그는 수도원 골방에 갇혀 죄에 대한 고민의 해답을 위해 몸부림치던 루터를 처음에는 철학 강사의 자리로, 다음은 로마 출장 여행으로, 마지막엔 그 고민의 해답을 직접 말씀을 통해 찾도록 신학박사까지 공부하도록 유도했다. 그는 루터를 오직 성경으로 안내해 준 위대한 스승이자 멘토였다. 이 같은 배경을 바탕으로 이 고뇌로부터 탈출하도록 한 결정적인 사건은, 사도 바울이 로마서를 연구하면서 '이신칭의以信稱義', 즉 사람이 율법의 행위와는 상관없이 믿음으로 의롭다고 인정을 받는다는 것을 깨닫고, "의인은 믿음을 통해서 산다고 확신했다"롬 1:17; 3:19-26. 그때 루터는 "자신이 마치 거듭나는 듯한 느낌을 받았으며 열려 있는 문을 통해 천국으로 들어가게 되었다"라고 증언하고 있다. 즉 인간은 어떤 공로나 선행을 통해서도 의로워질 수 없고 심지어 선행조차도 대죄라고 그는 생각했다.

결국 선행으로 의롭다 인정받으려는 모든 태도인 '행위의 의 루터가 명명함'에 적극 반대했다. 오히려 행위의 의인은 하나님과의 신실한 인격적 만남에 방해만 될 뿐이며 역효과를 초래한다는 것이다. 왜냐하면 그와 같은 인간의 행위와 노력은 인간의 깊은 내면에 하나님이 아니라, 자기 자신을 신뢰한다는 사실을 보여준다는 것이다. 이는 바로 하나님에 대한 믿음을 저버리는 불신앙이며 교만이라는 것이다. 물론 루터는 이를 두고 그가 살았던 수도원 탑의 작은 서재에서 일어난 성령 체험이라 하여 '탑 체험'이라 칭한다. 그가 언젠가 "성령께서 이러한 기술을 탑의 뒷간에 있는 내게 주셨습니다"라고 말한 적이 있다. 그러나 그의 체험은 그동안 그가 고뇌하던 문제에 대해 끊임없이 구하고, 묻고, 몸부림치는 가운데서 일어났음을 그의 신앙적 삶의 과정을 통해서 짐작할 수 있다. 그는 신학 교수로서 신앙의 내적 시련과 성경의 연구로, 하나님은 인간의 행위를 요구하는 것이 아니라 예수 그리스도를 통해 죄 사함의 은혜를 베풀어 구원하는 분임을 재발견하면서 종교 개혁적 인식에 이른다.

수도원 탑(塔) 방의 작은 서재(좌), 수도원 탑 방에서 발견한 천국의 문(우)

그가 대학에 몸담고 있던 당시, 로마교황청은 부패하여 돈으로 구원을 살 수 있다는 '면죄부 판매Ablasshandel'를 통해, 죄를 면죄 받고 구원에 이른다는 거짓을 퍼뜨렸다. 당시 루터는 로마서 강해 중 "오직 의인은 믿음으로 살리라" 해석을 통해, 그의 신앙적 양심으로 이를 분개하여 1517년 10월 31일 로마교황청에 대한 「95개조 논제」를 성직자들과 학자들 간의 토론을 유발하려고 라틴어로 작성하여 자신의 상관인 주교와 추기경 알브레히트 폰 브란덴부르크Albrecht von Brandenburg에게 보냈다. 그리고 곧장 비텐베르크의 성城 교회Schlosskirche의 양쪽 놋 대문에 붙였다. 루터의 논제는 바로 독일어로 번역되어 보름 만에 독일 전역으로 퍼졌고 그동안 잠재되어 오던 교회에 대한 근본적인 비판이 터졌다. 이로써 로마교황청과 전면적인 대립으로 개혁의 불씨가 일어나 대중에게도 폭발적인 영향을 주었다. 이를 계기로 1519년에 '라이프치히 논쟁Leipzig Debatte'이 일어났다. 그 논쟁에서 루터는 이전처럼, 인간을 구원해 줄 대상은 교황이나 어떤 교회 제도도 아니며 오직 하나님이라고 역설했다. 이 논쟁으로 루터와 로마교황청은 더 이상 함께할 수 없는 지경에 이르렀다. 교황청교황 레오 10세은 「오, 주여! 일어나소서!Exsurge Domine!」란 파문 교서로, 60일 이내에 루터가 교황청에 출두하여 자신의 주장을 철회하지 않으면, 파문할 것이라고 위협하면서 루터의 모든 저서를 불태우도록 명령했다. 이에 항거하여 루터는 12월 10일 동료와 학생들과 함께 교황의 교서와 교회의 법전을 불태워버렸다.

비텐베르크 대학교 성(城) 교회의 양쪽 놋 대문에 「95개조 논제」를 게시함

    그 이래로 1520년에는 종교개혁운동이 본궤도에 올라, 루터
는 이를 뒷받침하는 3편의 핵심 논문을 동년에 순차적으로 발
표했다. 그는 8월에 『독일 크리스천 귀족에게』에서 세속 귀족
들에게 교회개혁에 참여할 것을 촉구하면서, "그러나 너희는
택하신 족속이요 왕 같은 제사장들이요 거룩한 나라요 그의 소
유가 된 백성이니 이는 너희를 어두운 데서 불러내어 그의 기
이한 빛에 들어가게 하신 이의 아름다운 덕을 선포하게 하려
하심이라" 벧전 2:9. '만인제사장주의 Priestertum aller Gläubigen'를 그에
대한 근거로 제시하였다. 즉 성도 누구나 세례를 받으면 거듭
났기 때문에 제사장이 되었다는 것이다. 이는 사실 당시 성직
자들이 성도 위에서 군림하는 로마교황청의 기둥 하나를 부순
것이나 다름없었다. 10월에는 지식인을 대상으로 라틴어로 쓴
『교회의 바벨론 감금』에서 예수를 통해 도입된 명백한 두 가지

인 세례와 성만찬을 제외한 교회의 성사 교리를 공격하였다. 이로 인해 크리스천은 여러 의식적인 관례와 규정으로부터 해방되었다. 11월에는 『크리스천의 자유』에서 크리스천은 모든 것에 대해 '자유로운 주인'이며 그 누구의 종도 아니다. 동시에 크리스천은 모두에 대해 '섬기는 종'이며 중략 그리고 오직 믿음을 통해 그리스도 안에 살고 사랑을 통해 이웃 안에 사는 것이라고 종결짓는다.

여기서 '자유 주인'과 '섬김 종'은 상호 모순되거나 상반된 것이 아니라, 먼저 그리스도를 통한 자유 함에서 섬김이 따르는 결과에 이른다는 것이다. 이 세 논문이 이후 종교개혁의 위대한 금자탑이 되었을 뿐만 아니라 개신교 탄생의 뿌리가 되었다. 특히 모든 크리스천이 다 같은 제사장이며, 그들 중 누구라도 자신이 구별된 성직자임을 주장할 수 없다는 '만인제사장주의'가 종교개혁 정신의 핵심으로 등장하게 된다. 이는 철저히 성서에 기반한 그리스도의 '복음주의Evangelisation'이다. 그런데 당시 로마교황청은 구별된 성직자들이 그리스도와 성도 사이를 매개한다는 '사제주의'가 교회를 다스려야 한다는 교권주의 행태를 보이고 있었다. 이 같은 교권주의가 교회를 수직 계급화하고, 교회 지도자들의 권력을 제도화하면서 지위 권력을 유지하기 위해 면죄부 판매와 같은 거짓 수단을 동원하여 교회를 타락하도록 만들었다. 루터는 사제주의를 거부하고 복음에 기초하여 누구든지 직접 하나님과 교통하며 복음만이 신앙을 창조하고 인간에게 자유 함을 준다는 확신을 심어주었다. 결국 루터는 1521년 1월 3일 「로마 교황이 하는 일은 옳다Decet Romannum Pontificem」란 교서로, 교황청으로부터 이단자로 낙인찍혀 파문당했다.

루터를 파문한 후, 교황청은 이단자를 인도하라고 작센 공국 선제후選帝侯: 신성로마제국 황제 선출권을 가진 제후, 총 7명이며, 비텐베르크 대학 설립자인 프리드리히 3세Friedrich der Weise III에게 요청하였다. 그런데 선제후는 자신의 영토에 사는 신학자로서 루터의 행위가 교황청으로 인도하라는 것에 정당성이 희박하다는 이유로 회피했다. 그뿐만 아니라 선제후는 이미 루터의 세 편의 논문을 읽고 "독일인은 누구나 그 지위의 고하를 막론하고 독일 밖에서 심문을 받을 수 없다. 더욱이 피고의 이야기를 들어보지 않고 공민권을 박탈해서는 안 된다고 주장"하면서 루터의 보호에 심혈을 기울였다. 당시 로마교황청으로부터 파문을 당한다는 것은 보호의 테두리 밖으로 쫓겨나는 것과 다름없어 매우 위험하였다. 이런 상황에서 독일의 영주들은 보름스Worms: 독일의 서쪽 라인강에 있는 라인란트-팔츠주의 한 도시 제국의회의 청문회에서 루터가 자신을 변호할 기회를 주자고 황제에게 요청했다. 사실 루터의 파문으로 당시 독일 전역에서 폭동의 조짐이 있었고 시민들은 공의회의 소집을 요구하고 있었다. 이의 긴급성을 간파한 신성로마제국의 황제였던 카를 5세Karl V는 열렬한 가톨릭 신자였고, 교황과 밀착 관계를 유지하고 있었기 때문에 보름스에서 개최된 그의 첫 번째 제국의회에 루터를 소환했다. 황제는 일단 루터의 말을 들어본 후, 그의 주장을 철회할 기회를 주고자 했다. 근데 만약 주장을 철회하지 않고 끝까지 고집한다면 제국의 최고형인 '제국법의 보호 박탈'로 다스릴 생각이었다. 따라서 루터는 카를 5세 황제로부터 신변안전을 보장받고 비텐베르크에서 보름스로 오도록 요청을 받았다. 물론 신변안전을 위한 '통행권'은 받았지만, 비텐베르크에서 보름스로 가는 길은 매우 위험하였다.

보름스 제국의회 청문회(뒤), 신성로마제국 황제 카를 5세로부터 받은 신분 안전 '통행권'(앞)

많은 지지자들이 그에게 생명을 위태롭게 하지 말라고 간원했지만, 루터는 대답했다. "교황이 바라는 것은 내가 보름스에 가는 것이 아니라, 나의 정죄와 나의 죽음이다." "나를 위하여 기도하지 말고 하나님의 말씀을 위하여 기도하라. 그리스도께서는 성령을 내게 주셔서, 그 오류의 사실로부터 승리하게 하실 것이다. 나는 나의 일생을 통하여 그들을 멸시한다. 나는 죽음으로써 그들에게 승리할 것이다." 루터가 떠나는 것을 보기 위해 모였던 많은 제자와 시민들은 크게 감동 받았다. 루터가 다녔던 에어푸르트 대학은 그를 열광적으로 환영했고, 학장이 직접 학생들과 길거리로 나와서 그를 맞이했다. 복음으로 감동된 수많은 시민이 눈물을 흘리면서 그와 작별 인사를 하였다. 루터는 보름스로 가는 동안 시골이든 도시든 그가 지나가는 모든 곳에서 이 용감한 반항자를 직접 보기 위해 인산인해를 이루었다. 길을 지나면서 환영과 염려를 받았고 때로는 무리를 향하여 설교도 하였다. "너희에게는 평강이 있을지어다. 이미 하나님께서 우리를 구원하였으므로 우리는 그분께서 기뻐하시는 행위를 해야 할 것입니다. 여러분들은 부요합니까? 그러면 그 소유를 가난한 사람들의 필요를 위하여 공급하십시오. 여러분은 가난합니까? 그러면 여러분은 부요한 사람들에게 가납(嘉納)될 만한 봉사를 하십시오. 만일 여러분의 수고가 여러분 자신에게만 유익을 준다면 여러분들이 하나님을 섬기노라고 공언하지만, 거짓말이 되고 맙니다."

　드디어 1521년 4월 16일 보름스에 입성했을 때, 아침 일찍이 제국의회의 결과를 보기 위해 이미 수많은 독일 귀족들과 기사들, 신부들과 군중이 열광적으로 몰려왔다. 그 당시의 독일 중소도시 규모의 인구였다. 약 2,000명이나 되는 사람들이 몰려와서 온 도성이 이 놀라운 사람을 보기 위해 큰 소동이 일어났고, 그의 숙소는 방문객으로 차고 넘쳤다고 한다. 무리들 가운데는 운명을 경고하기 위해 만가輓歌를 비감한 목소리로 부르는 사람도 있었고, 친구들은 그를 위협하고 있는 위험들을 말해 줌으로써 그의 공포심을 자극하고자 노력했지만, 그들의 모든 노력은 실패하였다. 루터는 흔들리지 않고 "보름스 시내의 악마가 비록 지붕 위의 기왓장처럼 많을지라도 나는 반드시 들어가리라"라고 말했다. 루터는 마차에서 내리면서 "하나님은 나의 산성이시다"라고 말했다. 루터는 보잘것없는 시골 소도시의 수도사며 대학교수에서 졸지에 당대 민중으로부터 가장 주목받는 영웅이 되었다. 이제 교회사의 한 획을 긋는 전환점이자 세계사의 절정이 임박했다. 황제는 즉시 공의회 위원들을 소집하여 대책 강구를 위해 협의하였다. 완고한 주교 중의 한 사람은 폐하께서는 그 사람을 즉시 처치해 버리세요. 이미 지기스문트Sigismund 황제께서도 100년 전에 얀 후스Jan Hus를 화형에 처하지 않았습니까? 하고 건의하기도 하였다.

잠깐, 체코의 종교개혁자 신학 교수프라하 카렐 대학교 신학박사, 얀 후스1372~1415에 대하여 살펴보기로 한다. 그는 면죄부 판매에 대한 반대를 비롯한 종교개혁운동으로 로마교황청으로부터 파문되어 1415년에 화형을 당했다. 그때 그는 "진리를 사랑하고, 진리를 말하며, 진리를 행하라"라는 말을 남겼다. 그 후 그의 신앙 정신이 후스주의자들에 의해 계승되었고, 처형 500주년인 1915년 프라하 구시가지 광장에 그의 동상이 우뚝 세워졌다. 얀 후스가 1415년 화형당하기 전에 이런 말을 남겼다고 한다.

"당신들은 오늘 거위 한 마리 체코 말로 후스라는 말에는 거위라는 뜻이 있음를 불에 굽지만, 그 타고 남은 재에서 100년 안에 백조가 한 마리 나올 것이다. 그 백조는 당신들이 결코 불태울 수 없을 것이다." 이후 90년이 지나 루터가 나타났다. 사람들은 후스를 거위로, 루터를 백조로 상징하게 되었다. 종교개혁이 그냥 우연히 일어난 것이 아니었다는 것을 보여주는 일화다. 루터는 1519년 잉골슈타트의 신학자 요하네스 에크Jahannes Eck에 맞서 논쟁을 벌일 때, 콘스탄츠 공의회에서 후스가 유죄 판결을 받은 사실과 관련하여 "공의회들도 오류를 범할 수 있다"라고 주장하면서 얀 후스의 많은 글들을 변론하기도 했다.

체코 프라하, 종교개혁자 안 후스 동상

드디어 루터는 1521년 4월 17일, 보름스의 신성로마제국 황제 앞에서 자신의 신앙적 신념을 밝히게 되었다. 그는 이 종교재판에서 트리어Trier 대주교의 판사 요한 폰 에켄Johann von Ecken

으로부터 받은 두 가지 질문에 대한 답변을 했다. 첫 번째 질문은 그가 발송한 모든 저서를 자기의 것으로 인정할 것인가의 여부를 묻는 질문에, 그는 자기 앞에 있는 책들을 보고 그렇다고 시인하였다. 두 번째 질문은 그의 주장을 전체 또는 부분적으로 철회할 의사 여부를 묻는 질문에, 루터는 "누구든지 사람 앞에서 나를 부인하면 나도 하늘에 계신 내 아버지 앞에서 저를 부인하리라"마 10:33 라는 말씀을 상기하면서, 하나님 말씀에 저촉되지 않고 대답할 수 있도록 하루 동안 생각할 여유를 달라고 말했다.

그리고 다음 날 4월 18일, 루터는 제국의 황제 앞에서 단호하게 말했다. "교황이나 공의회는 종종 오류를 범하고 자가당착에 빠진 것이 확실해 전적으로 신뢰할 수 없습니다. 따라서 성경이나 명백한 이성적 근거라는 증거를 통해 설득할 수 없다면, 나는 내게서 나온 글들을 고수하겠습니다. 내 양심이 하나님의 말씀에 사로잡혀 있는 한, 나는 아무것도 철회할 수 없고 그렇게 되지도 않을 것입니다. 왜냐하면 양심에 거슬러 뭔가를 하는 것은 위험할 뿐 아니라, 가능한 일도 아니기 때문입니다"라고 말하면서, "저는 달리할 수 없습니다. 하나님이여 저를 도우소서! 아멘Ich kann nicht anders, Gott helfe mir! Amen." 이러한 루터의 완고함에 직면한 황제는 다음 날 교회의 전통을 변호하고 루터를 공공연한 이단자라고 선언했다. 다만 루터에게 약속했던 자유로운 통행권은 허용되었다. 보름스 제국의회의 종교재판 후,

1521년 5월 26일 교황과 마찬가지로 루터를 '보름스의 황제 칙령Kaiserliches Edikt von Worms'에 따라 황제의 국외추방 명령이 시행되었다.

(참고) 보름스 성당 북쪽, 당시 제국의회 자리가 있던 곳은 1689년 프랑스의 공격으로 지금은 건물의 흔적을 찾아볼 수 없지만, 현재 루터가 종교재판을 받았던 바로 그 역사적인 장소를 기념해 돌판이 놓여 있다. "여기 황제와 제국 앞에 서 있다. 마르틴 루터, 1521"
"HIER STAND VOR KAISER UND REICH. MARTIN LUTHER 1521"

보름스, 루터가 종교재판을 받던 장소, 1521. 4. 17

종교재판 광경, 헤르만 비슬리케누스, 19세기 그림

당시 파문을 당하면 누구의 도움도 받을 수 없고 죽음의 위기에 몰린다. 이후 루터와 그를 따르는 사람들은 늘 위험한 상황 속에서 생활했으며, 잡힌 사람들은 즉시 처형을 당하거나 황제의 관리들에게 넘겨졌다. 당시 이단자로 죄목이 적용된 루터에게 다음과 같은 황제의 칙령이 전국에 살포되었다.

"마르틴 루터에게 길이나 거처를 주지 말고 먹고 마실 것을 주지 말며, 은밀하게 또는 공개적으로 그를 지지하지 말라, 그에게 어떤 도움이나 지지나 보호하는 행위를 보여주지 마라, 오히려 여러분은 그가 당도하여 발을 들여놓은 곳에서 그를 체포하여 우리에게 보내라, 여러분은 루터의 모든 추종자, 보호자, 후원자들을 이와 같은 방식으로 다루어야 한다, 즉 그들을 쓰러뜨리고 감금시키며 주저하지 말고 그들의 재산을 몰수하여 여러분의 유익을 위해서 소유하고 사용하라,"

루터는 서둘러 비텐베르크로 출발했다. 그러나 보름스를 떠난 루터가 5월 초에 갑작스럽게 무대에서 사라져 버렸다. 대부분의 독일 사람들은 루터가 죽었거나 추방당한 줄 알았다. 그런데 루터의 목숨을 지키기 위해 보름스에서 비텐베르크로 후송되는 중간에서 작센의 선제후 프리드리히 3세가 루터의 고향과 멀지 않은 '알레슈타인'이라는 곳에서 습격 작전으로 납치극을 벌여, 루터를 그의 영지 바르트부르크Wartburg 성채로 피신시켰다. 그때 게오르크 스팔라틴George Spalatin 이란 지혜로운 정부 공직자가 루터의 비범함을 알아보고 '강도단 습격 음모'를 꾸며 프리드리히 선제후로부터 재가를 받아 피신을 실행하였다. 그는 은밀한 '보호 감호' 상태에서 5월부터 루터라는 이름 대신 '융커 외르크Junker Jörg'라는 가명으로 바르트부르크 성체에서 비밀리에 생활하였다.

작센 선제후, 프리드리히 3세: 루터 종교개혁의 강력한 지지 및 보호

루터의 피신 장소: 바르트부르크 성체. 1521.5〜1522.2

그 당시는 일반 시민들은 성경을 가질 수도, 읽을 수도 없었다. 교황과 주교가 알려주는 대로 받아들이고 믿어야만 하는 상

황이었다. 루터는 이 성채에서 숨어 지내는 10개월이 개신교 역사에서 가장 중요하고 엄숙한 시간이었다. 즉 헬라어/라틴어로 된 신약성경을 독일어로 번역하는 위대한 작업을 마무리 지었다. 후에 그의 가장 친한 동료이자 협력자인 비텐베르크 대학의 헬라어 교수인 필립 멜란히톤Philipp Melanchthon 과 함께 독일어 번역본을 세심하게 윤독하였다. 1522년 9월, 최초의 이 독일어 번역 신약성경이 초판 3,000부가 인쇄되었지만 불과 몇 주 만에 다 품절되었다. 그 후 15년 동안 수십 번의 인쇄를 통해 총 20만 부가 팔렸다. 당시 독일에서는 신약성경이 일약 베스트셀러였다. 마침, 그 당시 독일은 구텐베르크Jahannes Gutenberg 에 의해 인쇄술이 발달한 상황이어서 수많은 사람이 성경을 접할 수 있게 되었고, 삽시간에 유럽 전역으로 전파되면서 종교개혁의 기폭제가 되었다. 그 후 총 12년에 걸쳐 구약성경70인 역을 번역하여 1534년 9월, 최초의 신구약 완역본인 비텐베르크 성경을 출간했다. 오늘날 독일인들이 사용하는 『루터 성경』을 완성시켰다.

1532년, 루카스 크라나흐가 그린 멜란히톤 교수의 집과 초상화

(참고) 필립 멜란히톤((Philipp Melanchthon, 1497~1546)은 루터 종교개혁의 2인자로 통한다. 그는 14세에 하이델베르크 대학을 졸업한 히브리어, 헬라어, 라틴어에 능통한 언어의 천재로 21세에 비텐베르크 대학에 가장 인기 있는 교수가 되었다. 그는 첫 환영 강연회 때, 성 교회에서 '청년들이여 원전으로 돌아가라', 즉 '아드 폰테스(Ad Fontes)'로 진리의 변두리를 떠나 근원이 되신 성경으로 돌아가야 한다고 역설했다. 당시 그는 성경의 본질이 아닌 성경의 테두리에서 온갖 미신과 무지와 거짓 해석이 난무함에 경종을 울렸다. 종교개혁의 '5대 S 사상'이라 불리는 오직 은혜(Sola Gratia), 오직 믿음(Sola Fide), 오직 성경(Sola Scriptura), 오직 그리스도(Sola Christo), 오직 하나님께 영광(Soli Deo Gloria)은 여기에서 출발되었다. 루터는 멜란히톤에게서 히브리어와 헬라어 원어를 배우고, 멜란히톤은 루터에게 개혁신학을 배웠다. 함께 합력하여 그 유명한 독일어 성경 번역 『루터 성경』과 신구약 완역본(70인 역)을 완성했다. 종교개혁의 동역자로서 35세의 루터와 21세의 멜란히톤은 나이의 경계를 뛰어넘어 위대한 복음의 업적을 이룬 동역자였다. 이들 둘의 동상이 현재 비텐베르크의 중앙 시청 앞 광장에 같은 크기로 세워져 있다. 그는 "나는 루터를 통해 처음으로 복음을 배웠고, 루터와 헤어지느니 차라리 죽는 것이 낫다"라고 했을 정도로 개혁 동지의 우정을 과시했다. 멜란히톤은 개신교의 「아우크스부르크 신앙고백서」를 처음 만들었고, 1521년 『신학총론』을 집필하였다. 또한 그로 인해 비텐베르크 대학은 전 유럽에서 명성을 얻었고 독일뿐만 아니라 유럽 전역에서 학생들이 몰려왔다. 그는 루터가 소천한 후 4년 뒤, 하나님의 부름을 받았고 같은 성(城) 교회에 나란히 묻혔다.

　　루터가 종교재판을 받았던 보름스의 루터 기념비에 대해 잠깐 살펴보고 넘어가기로 한다. 거대하고 웅장한 보름스 성당에서 조금 걸어 나오면 '루터 광장Luther Platz'이 나온다. 종교개혁은 루터에 의해 최종 영적 꽃을 피우게 되었지만, 이를 성공적으로 이끄는 데는 하나님의 은총 아래 순교한 많은 동역자가 있었다. 진리를 사랑하고, 진리를 말하며, 진리를 실천하기 위해 살고 또 죽었던 종교개혁자들의 동상이 세워져 있다.

보름스의 루터 기념비 앞의 글.
"Ich kann nicht anders, Gott helfe mir! Amen"

　무심코 보면 동상 몇 개가 더 있구나라고 생각되지만, 찬찬
히 들여다보면 참으로 많은 내용을 함의하고 있음을 알 수 있
다. 이곳 루터 기념비는 세계에서 가장 큰 종교개혁의 기념물이
라고 하는데, 아홉 개의 동상과 주위 담에 새겨진 여덟 개의 초
상화로 이루어져 있다. 먼저 정가운데 성경을 들고 하늘을 바라
보고 있는 루터 동상 아래에 앉아 있는 네 사람은, 체코의 기독
교 신학자이며 종교개혁가 얀 후스Jan Hus: 존 위클리프의 영향으로 성서를
믿음의 유일한 권위로 강조하는 복음주의자, 영국의 신학자이며 종교개혁가
존 위클리프John Wycliffe: 로마교황청의 부패를 폭로하여 생전에 탄압을 받았고 사후
부관참시 돼 화형을 당한 루터보다 150년이나 앞선 종교개혁의 선구자. 그의 가장 큰 업적
은 라틴어로 된 성경을 영어로 번역한 것, 프랑스의 종교개혁가 페트루스 발
두스Petrus Waldus: 기독교 성결 운동과 연구에 치중했고 라틴어 성경을 프랑스어로 번
역했고 '성경대로 하자'는 발도파의 신앙 공동체의 창시자, 이탈리아의 종교개혁
가 지롤라모 사보나롤라Girolamo Savonarola: 설교를 통해 피렌체市를 개혁하고

민주정치 실시를 주장했고 교황 알렉산데르 6세의 부도덕을 비난하고 교황청의 개혁을 주장함, 다음으로 루터의 왼편부터 동상들을 차례로 보면 **필립 헤세**Phillip of Hesse: 루터를 바르트부르크 성으로 도피시켰던 프리드리히 3세 선제후와 개신교 첫 대학인 마르부르크대학을 세우며 종교개혁을 위해 앞장서 싸웠던 헤센주의 영주였던 필립 공작, **마그데부르크**Magdeburg: 작센안할트주의 주도이며 엘베강 변에 위치하며 프로테스탄트 도시 마그데부르크의 시민을 상징하는 동상, **필립 메란히톤**Philip Melanchton: 루터를 도와 종교개혁의 긴밀한 협력자로 프로테스탄트 최초의 신앙고백인 '아우크스부르크 신앙고백'을 발표한 신학 교수, **슈파이어**Speyer: 1526년 최초로 프로테스탄트라는 이름을 선포한 슈파이어 제국의회를 상징하는 동상, **요하네스 로이힐린**Johannes Reuchlin: 독일 인문학 교수로 교황청을 반대하며 유대인을 강제로 그리스도교로 개종시키는 것에 반대했던 사람, **아우구스부르크**Augsburg: 1555년 아우크스부르크에서 맺어진 황제와 프로테스탄트 제후 간의 협약을 기리는 동상, **프리드리히 3세**Friedrich III: 신성로마제국의 작센 공국의 황제. 루터와 프로테스탄티즘의 가장 강력한 지지자 중 한 사람 **등이다.**

　　루터는 그 뒤 만년에 이르기까지 비텐베르크 대학에서 성서 강의, 설교, 저작, 성서 번역 등에 헌신했고 고향인 아이슬레벤Eisleben에서 1546년 2월 18일, 63세의 나이로 작고하였다. 유해는 비텐베르크의 성 교회에 안치되었다. 그의 업적은 대부분 문서 형태로 남아 있어 원문의 주요 저서들이 100여 권에 이른다. 현재 비텐베르크 도시를 중심으로 6곳의 인접 유적 도시들이 '루터의 길Routes to Luther'이라고 칭한다. 유네스코는 이곳을 2006년부터 세계문화유산으로 지정했다. 독일은 1517년 10월

31일, 「95개조 논제」가 교회 문에 붙었던 그 날을 지금까지 종교개혁기념일로 정하고 개신교의 탄생을 기념하고 있다. 루터는 오직 믿음으로 구원에 이른다는 복음 진리와 성경 번역으로 독일 온 국민에게 모국어로 성경을 읽게 하므로 하나님을 '아바! 아버지'라고 부르는 신앙 유산을 남긴 진리의 수호자가 되었다.

비텐베르크市 교회: 성찬대에서 개혁신앙에 대해 설교하는 루터

필자는 몇 해 전 보름스 여행을 통해서 루터가 그토록 외치고 갈망했던 종교개혁은 무엇인가? 보름스에서 심문받았던 4월을 기억하며, 오늘날 우리 한국 개신교에 던져 주는 메시지는 무엇일까? 이렇게 생각해 보았다. '진리를 사유하지 않은 죄가 무엇일까? 당시 로마교황청은 사제주의를 통해 교회를 다스려야 한다는 교권주의가 편만했다. 이 교권주의를 고수하기 위해 하나님의 이름으로 온갖 비신앙적인 제도를 강화하고, 성경을

성경대로 가르치지 않고, 교황청의 철저한 종교적 관료제화로 교회를 세속화시켰다. 당시 상황을 "너는 네 하나님 여호와의 이름을 망령되이 일컫지 말라"출 20:7 라는 메시지가 떠오르면서, 오늘날 한국 개신교에 처한 '위기의 경고'가 지금도 귓전에 쨍 쨍 울리는 듯 들려온다. 루터는 이에 항거하여 불의와 거짓에 타협과 야합을 하지 않고 오직 성경, 오직 믿음, 오직 은혜, 오직 그리스도를 통하여 구원의 길을 알리기 위하여 목숨을 걸었다.

Zu den bekanntesten deutschen Weihnachtsliedern gehört Martin Luthers „vom Himmel hoch, da komm ich her", oben ein Abdruck im Straßburger Gesangbuch von 1541. Luther dichtete das Lied angeblich 1535 für die Weihnachtsbescherung seiner eigenen Kinder. Später komponierte er auch die Melodie dazu, die 1539 erstmals gedruckt wurde.

루터의 „하늘 높은 곳에서 내가 왔노라"라는 마르틴 루터의 찬송가는 독일에서 가장 잘 알려진 성탄절 노래이다. 이 곡은 1541년 출판된 슈트라스 부르크 찬송가에 실려있다. 루터는 이 곡을 1535년 자신의 아이들을 위한 성탄 선물로 만들었다고 한다. 이후에 그는 1539년 처음 인쇄되었던 멜로디도 이를 위해 작곡하였다.

마르틴 루터의 찬송가: 「하늘 높은 곳에서 내가 왔노라」(1539)

2. 루터 종교개혁 정신에서 본
한국 개신교의 영적 통찰

앞 절에서는 마르틴 루터의 신앙적 삶의 궤적을 일별해 보았다. 본 절에서는 이를 좀 더 천착하여, 루터의 종교개혁 정신에서 본 한국 개신교의 영적 통찰을 통해 개혁의 방향성을 진단해 본다. 기술 방식은 문제의식의 명료한 공감을 위해서, 먼저 루터의 종교개혁 당시 역사적 개황을 간단히 살피고, 종교개혁의 핵심 내용에 비추어 문답 형식으로 접근해 보기로 한다.

(문 1) 루터의 종교개혁 당시, 역사적 상황은?

오늘날 한국 개신교는 506년 전 종교개혁 당시와 역사적 상황만 다를 뿐이지 매우 유사한 모습을 지닌다는 점에서, 루터 종교개혁 정신에서 본 영적 통찰의 출발이 요청된다. 루터는 왜? 종교개혁에 온몸을 던졌는지, 당시 역사적 상황을 이해할 필요가 있다. 이 상황을 이해해야만 현재 한국 개신교의 처한 위기와 나아가야 할 방향이 무엇인지를 가늠할 수 있다. 종교개혁이 일어날 16세기, 독일의 정치·사회적 상황은 매우 복잡했다. 수백 개의 크고 작은 국가들로 구성된 모자이크였다. 왕, 선제후, 대공, 영주 주교, 하급 귀족 등이 황제의 지배하에 자신들의 영토를 다스렸고 경쟁 관계에 따라 서로 대립하거나 동맹을 맺어 뭉치기도 했다. 당시 독일은 개별적이고 지방분권적인 연방 제후의 복합체로 '신성로마제국Heiliges Römisches Reich, 대략 AD 962~1806'을 이루고 있었다. 사실상 신성로마제국은 서로마가 AD 476년 붕괴한 후, 중부유럽에 존재했던 다민족국가 체제의 연방군주제이다. 1512년, 칙령 반포로 공식 명칭을 '독일 민족의 신성로마제국Heiliges Römisches Reich Deutscher Nation'이라 칭했지만, 정작 이 명칭보다는 그냥 신성로마제국 또는 독일 제국Deutsches Reich이라 불린다. 당시 공용어는 독일어와 라틴어이고 국교는 가톨릭이었다.

제국의 기원은 거슬러 올라간다. AD 800년, 프랑크왕국의 카롤루스 대제 1세AD 742년 4월 2일생가 로마 교황에게 왕관을 씌워줄 것을 요청하자, 이를 수락한 것을 계기로 교황이 왕을 인준하는 권한을 가지게 되고, 교황 레오 3세로부터 크리스마스의 대관식戴冠式 이후 황제로 즉위하면서 시작되었다. 이처럼 카롤루스 대제가 교황으로부터 명목상의 '서로마 제국 황제' 대관을 받은 것을 시작으로, 924년 황제 베렝가리오 1세Berengario

의 사망 이후, 제위 계승이 중단되다가 962년 독일 왕국의 오토 1세가 이탈리아 왕국을 통합하고, 교황 요한 12세본명은 라틴어로 옥타비아누스로부터 황제 대관을 받으면서 본격적으로 신성로마제국이 시작되었다. 나폴레옹 전쟁 도중 1806년 황제 프란츠 2세가 퇴위하면서 신성로마제국은 해체되었다.

> (참고) 신성 로마 황제들은 카롤루스 대제를 독일의 초대 왕이자 제국의 초대 황제로 인식해 왔다. 오토 1세 이전에 '카를'을 제호로 쓴 카롤루스 대제를 1세로 보고, 그의 후계인 카롤루스 왕조에서 2세와 3세까지 배출했기 때문에 오토 1세 이후 카를을 제호로 쓴 카를 4세나 카를 5세가 각각 카를 1세나 카를 2세라고 불리지 않고 4세와 5세가 되는 것이다. 카롤루스(Karolus)는 라틴어이고, 동일인을 독일어로 카를(Karl), 프랑스어로 샤를마뉴(Charlemagne), 영어로는 찰스(Charles)로 호명함.

신성로마제국은 말 그대로 황제의 로마와 교황의 로마를 물려받은 상속자였다. 이처럼 중세 교회는 교황의 위상이 절대적이었고, 이를 대표하는 사건이 '카노사의 굴욕Humiliation of Canossa'이다. 이 사건은 교회의 성직자 임명권인 서임권을 둘러싸고 왕과 교황이 대립하던 중에 벌어진 일이다. AD 1077년 1월 28일, 독일 국왕 하인리히 4세가 자신을 파문한 교황 그레고리 7세의 인가를 받기 위해 눈밭에서 사흘을 교황에게 손발을 빌었다는 것이다. 이는 교황권이 황제권보다 우위에 점하게 되는 전환기에 벌어진 상징적인 사건이라 할 수 있다.

하인리히 4세의 카노사의 굴욕 장면

16세기 유럽은 교권과 분리된 절대주의 국가를 확립한 영국, 프랑스, 스페인은 왕의 주도 아래 국가가 모든 권력을 통치했다. 반면 신성로마제국인 독일은 왕권이 약한 황제가 통치기반을 강화하기 위하여 교회의 도움이 필요했다. 이 과정에서 교회는 경제적 이익을 챙겨 전국 각 지역에 많은 광대한 토지莊園를 소유했다. 이 토지는 교회의 녹祿을 받는 재산관리인, 보좌신부가 관리했다. 이때 교회의 수도원은 다양한 영리 수단을 동원하여 재산의 축적에 심혈을 기울였다. 즉 수도원은 술맥주와 와인을 제조하여 판매했으며, 심지어 곡물 거래와 같은 상거래에도 관여하면서 부정부패가 도를 넘었다. 이는 교회 본연의 임무와 점점 멀어지는 세속과의 타협이었다. 이를 위해 탄탄한 관리 조직과 이에 부합한 직책이 필요했다.

당시 신성로마제국 황제는 7명의 선제후選帝侯에 의해서 선출된 선거 황제였다. 이들 중 세 사람이 종교 제후였으므로 독일의 종교 세력은 막강했다. 이런 이유로 독일은 로마교황청이 착취하기 좋은 사냥감이어서 '교황청의 젖소'라고까지 불렸다. 더구나 신성로마제국의 황제였던 카를 5세Karl V는 열렬한 가톨릭 신자였기 때문에 교황과 밀착 관계를 유지하고 있었다. 이 같은 상황에서 독일 내의 연방 제후들은 카를 5세의 입장을 반대할 수밖에 없었고, 특히 교황청으로 흘러 들어가는 헌금과 초입세성직자로 임명받으면 그 첫해 수입은 교황에게 바치는 것 형태 등에 불만이 컸고 황제의 친교황 정책을 매우 부정적으로 바라보았다. 그뿐만 아니라 당시 경제적으로 후진 지역이던 독일에서 도시 상인과 생산업자 등도 교황에게 불만이 컸다. 이들은 특히 남부 독일의 광산주이며 대금융업자인 푸거 가문Fugger family에 분노가 컸다. 푸거 가문은 중세 말기 독일 아우크스부르크Augsburg의 거상이다. 15세기부터 16세기에 걸친 야콥 푸거 Jakob Fugger 때에 전성기를 맞아 유럽 각지에 광산을 소유하고 사치품 무역으로 거액의 부를 쌓았다.

야콥 푸거(Jakob Fugger)

이 재력을 갖고 신성로마제국의 황제와 로마 교황을 좌지우지하는 힘을 행사했다. 특히 푸거 가문은 시장 독점권을 가지고 도시 상인의 활동을 제약하고 횡포를 부렸는데, 이들이 가진 특권은 신성로마제국 황제 또는 교황권으로부터 양도된 것이었다. 한마디로 황제와 교황청, 푸거 가문은 상호 이해관계로 긴밀히 유착되어 있었다. 푸거 가문은 각국에서 거둔 헌금을 교황청에 전달하는 역할을 하면서 금융산업을 키워 교황청 선거자금을 지원하기도 했다. 그 덕분에 율리우스 2세는 무난하게 교황이 될 수 있었고, 또한 추기경들과 교황청 간부들에게도 향응과 뇌물을 정기적으로 공여했다. 이런 연유로 성직자가 되겠다는 수요가 폭발적으로 늘어났다.

당시 성직자는 세금을 한 푼도 내지 않고, 신자들의 종교적 충성을 담보로 편히 여생을 보낼 수 있는 직업으로서 이보다 더 좋은 것이 없었기 때문이었다. 이 같은 상황에서 독일의 농민층도 교회의 착취와 봉건적 부담을 증오하였다. 일부 대주교, 주교, 수도원장들은 세속 공후들처럼 무자비하게 봉신(封臣)들을 착취했다. 또한 면죄부 판매와 더불어 기도원을 곳곳에 세우고, 이에 필요한 자금조달로 백성들에게 직접 세금을 부과했다. 교회의 부패가 노골화되면서 백성들의 분노가 점점 커졌다. 이후 1525년 제후들의 과도한 과세에 대한 분노로 피바다를 이룬 '독일농민전쟁'을 가져온 계기가 되기도 했다. 농민들은 푸거 가문을 주된 공격대상으로 삼았다. 당시 기득권 세력인 영

1525년 독일 농민전쟁(약 10만 명 학살)

주, 귀족, 사제들이 중심이 된 '슈바벤 동맹Schwäbischer Bund'이 농민군 제압에 나섰고, 야코프 푸거는 자신의 사업에 두려움을 느껴 즉시 슈바벤 동맹에 자금을 지원했기 때문이다.

푸거 가문은 종교개혁의 불씨를 제공한 일차적 계기가 되었다. 야코프 푸거는 선제후 중에 가장 유력한 마인츠 주교 자리를 호엔쫄레른Hohensollern 가문의 알브레히트가 차지하도록 자금을 대주었다. 알브레히트는 푸거 은행에서 3만 4,000길더를 차입해 주교 결정권을 쥔 교황에게 뇌물로 주고 1514년 마인츠 주교 자리를 차지했다. 성직매매의 전형이다. 이 같은 사실들이 무명의 성서 신학 교수 마르틴 루터가 알게 되었고, 면죄부가 신자들의 희생적 종교심을 이용해 돈을 벌려는 교황청의 위선적 수작임을 간파하고 매우 분노했다. 시간이 지남에 따라 교황청의 각종 제도가 끝없이 부패의 수단으로 빠져들고 있었다. 이에 루터는 「95개조 논제」 중 제67조에 "성인들은 면죄부를 최고의 은혜로 칭송하지만, 실은 돈벌이 수단이다"라고 규정하고, 교황청과 푸거 은행의 결탁을 거침없이 폭로했다. 이로부터 종교개혁의 불길이 시작되었다.

이런 가운데 교황 율리우스 2세는 종교의 이름으로 세속 탐욕을 채우기 위해 마음껏 정치력을 발휘했다. 사실 세속의 정치꾼이나 다름없었다. 훗날 루터는 이 교황을 '피를 마시는 자'라고 기술했다. 그는 1506년 로마에서 '성베드로 성당Basilica di Sancti Petri'을 건축하는 데 필요한 재정을 충당하기 위해 완전 면죄부를 공고했다. 뒤이어 1515년 교황 레오 10세는 마인츠 주교였던 알브레히트Albrecht von Mainz에게 마인츠Mainz, 마그데부르크Magdeburg, 브란덴부르크Brandenburg에서 성베드로 성당 건축을 위한 면죄부를 8년간 판매할 수 있도록 허가하면서 교회가 돈을 받고 면죄부를 공식적으로 팔았다. 교회는 천국에 대한 소망과 지옥에 대한 공포심을 이용해서 큰돈을 벌었다. 교황과 알브레히트는 면죄부 판매 대금을 반반씩 나눠 먹기로 비밀계약까지 체결하였다. 알브레히트 주교는 공석이던 인근 교구 두 자리를 교황에게 거액의 돈을 주고 차지했다. 대신 거액의 빚을 졌고 푸거 은행에서 빌린 돈을 갚기 위해 독일 전역을 다니며 면죄부를 열심히 팔았다. 대금은 푸거 은행의 회계사가 관리했다. 수입의 절반은 빚 갚는 데 썼고 나머지 절반은 교황에게 들어갔다. 심지어 알브레히트는 성전건축을 거룩한 사업으로 목표를 정하고 능숙한 면죄부 설교가인 브란덴부르크 지역의 도미니크Dominic 수도회 수사, 요한 테첼Johann Tetzel을 채용하여 활용했다. 이는 성전을 건축하는 데 돈을 거두는 것이 뭐가 큰 문제냐고 생각할지 모르지만, 성전건축 자체의 문제라기보다는 과정상의 불순한 동기와 동원된 수단이 세속화되어 타락의 길을 걷고 있었다는 점이다.

1510~1626년간의 건축으로 완공된 성베드로 성당

중세의 유럽은 종교사회였다. 평민들은 제도권에서 교육을 받을 수 없어 대부분 글을 읽거나 쓸 줄 모르는 문맹인이었다. 당시 라틴어 성경은 성직자들의 전유물이었다. 성경의 해석은 그들만이 할 수 있다는 고유권한을 주장했다. 이에 따라 성직자들은 그들 입맛대로 편의주의적으로 성경을 해석했다. 따라서 성직자들은 교권을 통한 사제들을 활용해, 평민들이 자기 구원을 위해 온갖 선행善行을 쌓아야 하며 거액으로 면벌부를 사도록 유도했다. 구원을 위한 비용부담은 너무나 무거웠고 이로 인해 고통도 컸다. 반면 성직자들은 이를 이용하여 교회의 교권을 유지하며 자신들의 종교적 권력을 심탐深耽하고, 심지어 온갖 모양으로 부수적인 부정과 부패, 폭력성폭력 등 등 이루 형언할 수 없었다. 중세는 이 같은 종교적 타락으로 AD. 1350~1500을 지나면서 서서히 몰락의 길을 자초하고 있었다. 이런 종교적 환경이 루터에게 종교개혁을 부르짖게 한 직접적인 동인이 되었다. 그렇다면, 이상의 종교개혁 당시 역사적 교회 상황이 500년이 지난 오늘날 한국 개신교회에 울리는 메시지가 과연 무엇일까?

(문 2) 2024년, 올해는 종교개혁 507주년이다. 당대 루터가 직시한 근본 문제는 무엇이었고, 오늘날 한국 개신교회에 던져 주는 영적 통찰은?

루터가 직시한 근본적인 문제는 교회 제도를 부정했다. 한마디로 복음에 근거한 성경의 권위회복이다. 중세 교회는 교권을 유지하기 위해 세속과 타협하면서 성직자들이 성경을 자의적으로 해석하여, 코에 걸면 코걸이 귀에 걸면 귀걸이식의 '우화적 해석Allegorical-Interpretation'을 했다. 하나님의 진리가 무엇인지를 바르게 가르치지 않았다. 왜냐하면 그들은 오직 세속 욕망에 눈이 멀어, 영적 양심의 민감성이 무디어져 있었기 때문이다.

(참고) 우회적 해석(Allegorical interpretation): 성경 본문의 문자적 의미나 저자가 의도한 본래 메시지인 핵심적 의미를 찾아내는 것에 방점을 두지 않고, 본문의 이면적 의미들을 자유롭게 해석하려는 시도이다. 이 같은 해석은 자칫하면 코에 걸면 코걸이 귀에 걸면 귀걸이식의 애매모호한 해석이 될 수 있다. 이는 성경을 자기 생각의 프레임에 가두고 성경 구절을 꿰맞추는 자기 입맛대로의 선택적 해석을 통해 왜곡할 수도 있고, 상황에 따라 자기방어적이고 합리화시킬 수도 있어 바람직한 해석이라고 보기 어렵다.

성경의 진리는 추상적으로 제시되고 있는 것이 아니라, 구체적인 역사적 사건을 통해서, 그리고 하나님의 인격적 계시로 특수한 문학적 양식들을 통해 일관성 있게 보여준다. 따라서 인격적인 계시의 역사를 마치 알레고리처럼 다루며, 또한 비유를 마치 실제의 역사처럼 해석하고, 신화를 사실로 해석하고 시를 산문처럼 읽어버린다면 진리의 말씀이 왜곡될 우려가 있다. 특히 당시 성직자들은 세속적 탐욕에 젖어 있어 인간중심의 우화적 해석이 난무했다. 이의 근본 바탕에는 교황의 '교권주의敎權主義

교황청의 '파문협박교서' 소각 장면: 1520.10.10

Klerikalismus '가 자리 잡고 있었다. 쉽게 말하면, 사제주의라는 교회 제도를 통한 세속 욕망을 탐닉하는 부패된 종교적 권력이라 할 수 있다. 그렇다면 당시 루터가 교회 제도를 부정하고 성경의 권위 회복을 위해 종교개혁을 부르짖었던 메시지가, 상황이 다른 오늘날 한국 개신교의 심장을 두드리는 영적 통찰은 무엇일까?

마르틴 루터의 메시지는 분명했다. 위계적 사제주의라는 교회 제도를 통한 부패된 종교적 권력인 '교권주의'를 거부했다. 루터는 1517년, 복음을 훼손하는 로마교황청의 우화적 해석을 향해 「95개조 논제」를 비텐베르크, 성城 교회Schloss Kirche 의 정문에 내걸었다. 이에 교황청은, 1520년 6월 15일 "멧돼지 한 마리가 주님의 포도밭을 짓밟고 다닌다"라고 공언하며 95개 중 41개조를 단죄하고, 60일 이내 철회하라고 '파문협박교서 Bannandrohingsbulle '를 내려 위협했다. 그러나 루터는 신앙적 양심으로 시민들이 보는 앞에서, 학생들과 함께 교황의 교서와 교회의 법전을 불태워버렸다. 당시로서는 목숨을 건 신앙적 용기였다. 분노에 찬 교황은 1521년 1월 3일 교서를 내려 루터를 파문하였고, 그해 루터는 4월 17~18일 보름스 제국의회를 통해 공식적으로 이단자로 낙인찍혀 파문되었다. 이는 종교개혁의 도화선에 불이 붙는 순간이었으며 그 개혁의 불길을 막지 못했다.

오늘날 한국 개신교는 공식적으로는 성경의 권위를 인정하고 있다. 그러나 한국 개신교는 위기의 본질을 제대로 진단하지 못하고 연목구어하고 있다는 데 참으로 놀랍다. 무슨 병인지 제대로 진단되어야 약을 먹을지, 주사를 맞을지, 수술할지, 제대로 된 처방이 나올 수 있지 않겠는가? 흔히들 제1의 종교개혁이 루터로부터 제도와 교리에 대한 개혁이라고 말한다. 이는 중세시대에 부패된 교황청에 대한 저항으로 개혁임이 틀림없다. 근데 한국 개신교는 제1의 개혁은 완수되었고, 다만 교회를 찾는 새 신자의 수가 줄고, 가나안_{교회 '안 나가'를 역 표현} 교인이 늘고, 개종의 수가 증가하니, 그 원인을 사회적 환경 쪽으로 눈을 돌리며 어떻게 해야 할까 고민한다. 위기의 근원이 세속주의, 물질주의, 개인주의 등등이라고 외친다. 이는 완전 오판이다. 물론, 일부분은 분명 그렇다. 그런데 외친다고 되는가. 이들이 교회 안에서 판을 치도록 원인 제공한 뿌리를 도려내야 사라진다는 것을 모른단 말인가? 바로 그 원인 제공의 뿌리가 당회의 교권주의를 지탱하는 거대한 직분 시스템으로 세워진 수직적 위계적 〈교회의 관료제화〉라는 우상의 집이다. 이 우상의 집안에는 다양한 모습의 비성경적인 문화가 자리 잡고 있다. 이 집을 부수고 성경에 바탕을 둔 새로운 시스템으로 재설계해야 위기의 답을 찾을 수 있다. 그러나 아직도 많은 성직자는 자신도 모르게 이 같은 교회 제도를 통해 교권주의에 빠져 있다는 것을 인지하지 못하고, 바로 그것이 한국 개신교를 위기로 몰아넣고 있다는 것을 모른다. 사실 한국 개신교는 도입 정착 환경에서 발생한 제1의 종교개혁, 즉 제도와 교리에 대한 개혁이 제대로 이루어지지 않아 그 후유증으로 위기를 맞고 있다. 이 위기를 간파하지 못한 데는 세속에 찌들어 영적 통찰의 부재가 아닌가 싶다. 루터가 주장한 종교개혁의 3대 정신을 제대로만 개혁한다면, 한국 개신교는 건강한 모습으로 다시 부흥할 수 있다고 본다.

한국 개신교 위기의 본질은 교회 제도와 교리를 통한 교권주의에 있음을 확실히 진단해야 처방을 찾을 수 있다. 이 교권주의를 지탱하는 관념적 기둥이 크게 두 가지 정도 있는데, 그 하나는 '우화적 해석의 만연'이다. 이는 이신칭의以信稱義의 농락이다. 즉 믿음의 치매다. 의학자들은 뇌 기능의 손상을 일으킬 수 있는 모든 질환이 치매의 원인이 될 수 있다고 한다. 즉 신앙에서 가장 중추적인 부문인 '믿음의 질환'을 겪는다는 것은 결국 영적 통찰 능력이 떨어짐을 의미한다. 말씀의 영적 통찰이 되지 못한 성직자는 교권주의에 매달려, 성경을 우화적 해석으로 진리를 왜곡시킨다. 중세 교황청의 우화적 해석의 대표적인 것들이 사제주의와 율법주의였다. 이 두 가지가 성경의 권위와 '만인제사장주의Priestertum aller Gläubigen'를 거부하는 것이다. 506년이 지난 이 땅에도 제도와 율법으로 '행위의 의'가 활개를 치고 이신칭의가 무력화되고 있다. 다른 하나는 우상적 기복주의에 바탕을 둔 '번영신학繁榮神學의 만연'이다. 이는 세속 축복=하나님의 은혜라는 등식을 강조하고, 열렬한 종교심을 자극하여 신자들에게 잘못된 안전을 심어주고 있다. 즉 지향하는 목회 가치의 무지로, 교회의 크기·신자의 수·헌금 액수로 교권을 자랑하면서 이를 지탱하기 위한 교회의 관료제화로 세속적 지위 권력에 도취돼 있다. 이 둘은 하나님에 대한 교만이며 불신앙이다. 루터의 3대 개혁주의 정신은 이 둘을 향한 저항이 성경의 권위 회복, 즉 '이신칭의'와 '만인제사장주의'이다. 우화적 해석과 번영신학은 영성이 없는 세속제도와 관행의 우상화다. 이 점에서 한국 개신교는 과연 자유로울 수 있을까?

여기서 분명히 짚어야 할 것은, 이 둘의 근본 바탕에는 '교권주의'가 자리 잡고 있다는 것이다. 이 교권주의를 지탱하기 위해서 직분 제도를 통한 〈교회의 관료제화〉란 거대한 시스템의 집이 지어져 있다. 변형된 로마가톨릭 계급주의다. 당시 로마교황청은 정치 권력화된 관료제화와 다름없었다. 이는 루터 종교개혁의 핵심이다. 아이러니하게도 오늘날 우화적 해석과 번영신학, 이 둘은 한국 개신교의 교권주의를 지탱하는 사상적 양기둥이 되었다. 이 양 기둥을 기반으로 한 교권의 집이 교회의 관료제화라는 제도적 시스템이다. 교회의 관료제화로 생긴 교회 문화가 '율법주의'와 '교회주의'이다. 이들은 상호 밀접한 연관을 맺고 있는 비성경적인 집합체이다. 이 집합체를 루터는 이신칭의라는 말로 저항하면서, 성경의 권위를 회복시켰다. 즉 "오직 의인은 믿음으로 말미암아 살리라"롬 1:17. "사람이 의롭게 되는 것은 율법의 행위로 말미암음이 아니요 오직 예수 그리스도를 믿음으로 의롭게 된다"라는 것이다갈 2:16. 한마디로, 신자는 누구나 오직 믿음으로 구원을 받고 의롭게 돼, 하나님과 직접적인 인격적 영성 관계를 맺게 된다는 것이다. 그 중간에 구약시대의 교권의 상징인 제사장과 같은 중재자사제가 필요 없다는 것이다. 이와 같은 이신칭의의 복음에서 성직자만이 제사장이 아니라, 예수 그리스도를 믿는 모든 신자는 거룩한 제사장, 왕 같은 제사장이다벧전 2:5,9.

이를 뒷받침하는 것이 예수의 십자가 죽음에서 성소 휘장이 위에서부터 아래까지 찢어짐이다마 27:51; 눅 23:46. 이는 구속사적으로 매우 중요하며 '새 언약'의 시대가 열렸음을 의미한다. 즉 하나님과 인간 사이에 막힌 담을 하나님께서 친히 허무셨다는 것을 확증함이다. 휘장 안 지성소에 대제사장만이 1년에 한 번 들어갈 수 있었던 구약의 제사 시대가 마침표를 찍고, 예수의 피로 말미암아 모든 신자가 지성소에 들어갈 수 있는 제사장이 되어 하나님 앞에 나아와 예배드릴 수 있게 된 것이다. 루터 종교개혁의 지대한 신앙적 공헌은, 당시 구약시대처럼 하나님께 나아가는 일과 희생 제사를 드리는 일이 성직자에만 엄격하게 제한된 두 가지 특권이라는 왜곡된 성경 해석우화적 해석을 의신칭의와 만인제사장주의 논리로 교권주의를 무너뜨렸다. 또 여기서 회중과 신자의 권리를 성경적 관점에서 바로 세웠다. 예수 그리스도를 통해 신자 모두가 같은 성령을 받았고 동등한 자격으로 하나님께 나아가게 되었다.

만인제사장주의를 역행하는 것이 바로 교권주의다. 교권주의는 로마가톨릭 신앙에서 교황의 권위와 교회의 중앙집권을 강조하는 것으로, 사제들이 율법주의 신앙을 강화하고 그 중심에 서서 세속과 야합하여 면벌부 판매와 같은 행태로 교회를 세속화시켰다. 중세의 교권주의가 오늘날 한국 개신교에서도 다양한 비성경적인 모습으로 깊이 숨어 변종되어 나타나고 있다. 다만 그 모습이 노골화되어 있지는 않지만, 교권주의라는 나무는 〈교회 관료제화〉의 물을 먹고 자라고 있다. 이렇게 자란 나무가 과연 생명의 빵을 만들어 낼 수 있을까? 성직자들이 자신들의 지위를 평신도와 구별된 성직을 은밀히 강조하고 교권을 세력화·제도화하여 복음을 굴절시키고 교회 위에 군림한다. 예수를 보라. 그는 하나님과 동등한 지위셨으나 그 동등한 특권을 버리고 종의 지위를 취하여 가장 낮은 곳으로 내려와 그 지위 권력과 이익을 주장하지 않으셨다. 성경에서 직분과 관계없이 신자 모두가 주님 앞에 제사장이라는 것을 선언하고 있다. 이 교권주의가 왜, 오늘날 한국 개신교에 문제가 되는가? 교회를 세속화하도록 만든다는 점이다. 즉 권력화된 교회의 모습으로 직위 권력이 되었다는 것이다. 교권주의는 성직자의 무지한 목회관과 비성경적인 제사장주의로부터 나온다. 중세 때나 오늘이나 교회의 권력은, 헌금을 통해 교회의 외형이 커지고 그 안에 직분 제도로 공고해진 교회의 관료제화로 서열 의식이 생기고, 종국에는 교권주의로 부패하게 된다.

(문 3) 그렇다면 한국 개신교의 관료제화는 구체적으로 어떤 형태를 띠고 있고, 오늘날 왜 문제이며, 그 바탕을 지탱하고 있는 것은 무엇인가?

우선, 한국 개신교의 〈교회의 관료제화〉를 이해하기 위해 관료官僚와 관료제官僚制, Bureaucracy 란 개념 이해가 좀 필요하다. 보통 교회에 대한 이 같은 용어 사용은 생소하기 때문이다. 관官은 벼슬자리란 뜻으로 공무를 집행하는 정부나 관청을 말하고, 관 자가 붙는 직급은 현재 5급사무관 공무원 이상, 좀 넓은 의미에서 고위 공직 그룹이다. 료僚는 동료라는 의미다. 합쳐보면 관청에서 일하는 고위 공직 동료로서 고위관리라는 의미다. 우리나라는 예로부터 벼슬을 해야 큰 성공이나 한 것처럼 보였다. 이는 긍정적인 기능보다는 고질 병적인 사회문화로 뿌리내렸다. 그래서 수년씩 고시 낭인으로 방황하기도 하여 사회문제가 되기도 했다. 우스갯소리로 최소한 벼슬을 했다면 면장지방 공무원 5급은 했어야 벼슬했다고 해서 '면장도 알아야 면장 하지'라는 말처럼 아무나 면장 못 한다는 뜻이다. 직업도 사농공상士農工商이라는 서열화가 그 사람의 신분의 비천을 결정짓는 잣대가 되었다. 아무튼 이렇게 개념 지어진 관료들이 모여서 일하는 곳이 '정부 관료제'라 칭한다. 그렇다면 관료제란 무엇인가?

관료제란 원래 공공조직에서 그 개념이 출발했기 때문에 서양에서 정치사회학자들에 의해 정의되어 왔다. 정치 · 행정적 관점에서만 보면 '특권을 가진 관료가 국가권력을 쥐고 지배하는 정치제도', 즉 정치 권력 집단의 이익을 보호하기 위하여 만들어진 인적 · 제도적 장치다. 그러나 관료제를 그렇게 단순하게만 볼 수 없다. 학자에 따라 다의적인 주장을 해 왔으나, 종래의 가장 지배적인 견해는 사회과학자 해롤드 라스키Harold J. Laski 와 막스 베버Max Weber 등이 개념화한 것이, 오늘에 이르기까지 일반적으로 받아들여지고 있다. 특히 막스 베버는 18세기 이후 서구 사회의 근대화 과정에서 생성된 대규모 공공조직들의 공통된 특징을 통찰하고, 작업 효율성을 극대화할 수 있는 합리적이고 이상적인 조직 형태로 관료제의 '이념형ideal type'을 설정하기도 했다. 이들은 관료제의 대상을 구조적 측면에서 볼 것인가, 기능적 측면에서 볼 것인가에 따라 달리 그 내용을 포함한다. 구조적 측면에서 보면, 관료제란 많은 분량의 업무를 법령에 따라 비정의적 非情誼的 으로 처리하는 특정한 형태의 대규모 분업체제를 말한다. 반면 기능적 측면에서 볼 때, 관료제는 합리적 측면과 병리적 측면 그리고 권력적 측면을 함께 지니고 있다. 합리적 측면으로는 전문화 · 계층제 · 분업화 · 비정의성 · 표준화된 규칙 등의 내용을 포함한다. 반면에 병리적 측면은 일반적으로 수단의 목표화 · 형식주의 · 무사안일주의 · 귀속주의에 의한 자생집단 · 비밀주의 · 할거주의 · 상관의 권위에 의존 · 훈련된 무능력 · 변화에 대한 저항 · 관료적 독선주의 · 끊임없이 영역 확장을 꾀하는 제국건설 등을 들 수 있다.

이상의 의미를 종합했을 때, 관료제란 어떤 목적을 달성하기 위한 구조 · 기능적 역할을 하는 '계층제를 이룬 대규모 조직체'라고 할 수 있다. 이런 의미에서, 관료제라는 개념을 좁게 해석하기보다는 좀 더 광의로 해석하는 것이 오늘날의 보편 학설이다. 즉 정부조직이나 군대조직이나 기업조직이나 교회조직도 관료제의 한 형태라고 본다. 오늘날 모든 국가가 이 같은 정부 관료제를 통해 국정을 운영하고 있고, 운영과정에서 수많은 병리 현상이 일어나면서 끊임없는 혁신의 대상이 되고 있다. 그 혁신을 시대정신에 맞게 잘하는 나라가 합리적인 정부 관료제를 갖춘 민주국가, 이성 국가라고 한다. 반대로 개혁을 제대로 못 하는 나라는 독재국가, 전제국가, 부패국가, 부족적 국가가 되어 백성을 고통에 빠뜨리고 무고한 생명을 죽인다. 이 같은 국가들은 국가가 지향해야 할 선한 목표를 저버리고, 권력자들이 사리사욕을 채우고 국민 앞에 정직하지 못한 결과로 나타난다. 즉 정부 관료제의 병리 현상의 종합이라 할 수 있다. 이와 마찬가지로 교회가 관료제화되면, 다양한 모습의 병리 현상이 나타나 교권주의에 빠져 예배를 부패하게 만들고, 율법주의와 교회주의 문화로 부족 교회로 된다. 중세 로마교황청도 철저히 관료제화되면서 부패의 길을 걸었다. 근데 오늘날 한국 개신교가 관료제화되었다고 단정할 수 있는가? 여러 정황과 교회 운영시스템을 소상히 관찰해 보면 관료제화되었다고 충분히 말할 수 있다. 사실 개교회 자체에서는 무슨 관료제화냐고 말할지 모르지만, 교회 밖의 비신자들이 이를 용인하지 않는다는 점에

특히 주목해야 한다. 그렇다면 한국 개신교의 관료제화된 모습은 어떨까?

한국 개신교는 60년대 이후 한국근대화 과정에서 압축성장과 더불어 양적으로 팽창하기 시작했다. 교회가 양적으로 수직성장하면서 대규모 조직화되었다. 교회의 대규모화는 자연스럽게 관료제 모습을 갖추었다. 특히 그 운영과정에서 관료제화의 전형이라 할 수 있는 피라미드식 계층제를 완벽하게 이루었다. 교회의 계층화는 바로 직분 제도의 서열화를 의미한다. 물론 아니라고 할지 모르지만, 솔직한 모습은 아니다. 목사를 정점으로, 목사 → 장로 → 남성 안수집사여성 권사 → 서리 집사 → 평신도라는 계층제이다[한국 교회의 계층제. 그림 참조]. 교단에 따라 조금씩 다른 명칭이 사용되고 있지만, 서열화되어 있음은 똑같다. 이처럼 교회의 계층 제도화가 이루어지면서, 성직자도 제도가 생기게 되면 자연히 그걸 유지하려는 관성이 있다. 성직자 자신도 모르게 얽히는 이해관계가 있고 무의식적으로 이들 관계의 영향을 받으면서 다양한 병리 현상이 표출된다. 이들 병리 현상을 방치하게 되면 바로 예배가 세속화된다. 중세 교황청의 모습처럼 교권주의에 바탕을 둔 종교의 관료제화로 타락 과정을 밟아간다. 특히 한국은 전통적으로 유교 관료문화와 일제 강점기, 해방 후 군인정치 서열문화의 영향권 안에서 근대화가 시작되면서 오늘에 이르기까지, 경쟁적·위계적 권위주의적 서열문화가 사회의 전 분야에 파고들어 생명을 질식시키는 형국에 이르고 말았다. 이 같은 배경하에 가장 자유롭고 평등하며 도덕적으로 생명력이 있어야 할 교회도 예외는 아니었다. 도덕적으로 가장 권위가 지켜져야 할 교회가 관료제화로 타락하게 되면, 더 비루한 모습을 보이고 사회를 견인할 마지막 양심의 보루가 무너진다.

한국 교회의 계층제

오늘날 한국 개신교의 가장 큰 위기는, 교회가 관료제화의 길을 밟아가고 있다는 점이다. 교회가 관료제화되었다는 것은 기능적 측면에서 역기능적인 병리적 측면이 문제라는 것이다. 병리病理, pathology 란 신체에 이상 또는 병으로 인하여 신체 구조나 신체 기능에 생긴 변화를 의미한다. 관료제의 경우 본래 의도된 것과 다른 변화가 구조나 기능에 발생되어, 조직 목표의 수행에 장애를 초래하는 것으로 해석된다. 마찬가지로 교회의 대규모 조직이 다양한 병리 현상으로 본질이 훼손되고 비본질이 상대적으로 활성화되어 가고 있는 것을 〈교회의 관료제화〉라고 할 수 있다. 이를 좀 더 적나라하게 표현한다면, 교회의 관료제화라는 우상의 집이 하나님의 성전 안에 버젓이 버티고 앉아 기능하고 있다는 것이다. 한국 개신교가 관료제화되어 가고 있다는 것은 교회 구성원信者의 행태와 제도가 이상異常과 병으로 인하여 제 기능을 하지 못하고 있다고 할 수 있다. 이는 겉만 멀쩡한 것같이 보일 뿐, 속은 깊이 병들어 있다는 것이다. 마치 회칠한 무덤의 모습이다.

그렇다면 한국 개신교의 관료제화를 만들어 내고 이를 지탱하고 있는 바탕은 과연 무엇일까? 앞에서 잠깐 언급했지만, 교회의 관료제화를 만들어 내는 근본은 '교권주의'이다. 엄밀히 말하면 교권주의의 씨앗은 성직자의 교만이다. 아이러니하게도 이 교권주의를 지탱하고 있는 것이 신자와 연계된 '직분 제도'이다. 이 직분 제도의 계층적 시스템이 교회의 관료제화이고, 또한 이 직분 제도는 교권주의와 상호관계 속에서 우화적 해석과 기복적 번영신앙에 맞물려 돌아가고 있다. 이 같은 맥락 속에서 본다면, 좀 과한 표현일지 모르지만, 한국 개신교는 506년 전의 종교개혁 당시 로마교황청의 분신이라 해도 과언이 아니다. 교회가 교권주의를 강화하면 할수록 우화적 해석과 기복적 번영신학이 판을 치고, 신앙심보다는 종교심에 열을 올리는 '율법주의'가 춤을 추고 '교회주의' 부족 문화가 만연해진다. 이 같은 종교적 환경에서 제도화된 조직이 교회의 관료제화이다.

이는 교권주의를 지탱하는 확고한 제도적 시스템이다. 한국 개신교는 어떤가? 해방 후, 짧은 시간에 급속히 부흥했고 양적 성장과 더불어 교권주의가 자리 잡으면서, 교회의 관료제화가 부지불식간에 고착화되었다. 이 같은 성향은 주로 무의식에 은폐되어 성직자 본인들도 제대로 인지하지 못하는 경우가 많다. 이로 인해 온갖 비성경적인 제도와 우화적 해석이 난무한다. 더욱 심각한 것은 성직이 삯꾼으로 기업화의 모습을 보인다는 점이다. 궁극적으로 오늘날 한국 개신교의 가장 큰 위기는 무엇인가 묻는다면, 교권주의를 지탱하기 위하여 세워진 교회의 관료제화로 나타난 병리 현상이라고 진단할 수 있다.

(문 4) 그렇다면 한국 개신교의 관료제화 과정에서 나타난 '병리현상'은 무엇이며, 구체적으로 교권주의와 직분 시스템이 이들 병리 현상과 어떤 맥락에서 예배를 부패하게 만드는가?

교회를 운영하려면 조직·사람·예산이 필요하고, 봉사하는 자에게 적합한 직분이 있어야 하는데, 뭐가 그리 문제가 될까? 모두 지당한 내용들이다. 그런데 문제는 조직을 운영하는 과정에서 관료제화되어 교회의 세속화로 예배의 본질이 훼손된다는 점이다. 우연인지 모르지만, 오늘날 한국 개신교가 506년 전, 루터 종교개혁의 핵심 대상이었던 교권주의로 인한 교회 관료제화로 몸살을 앓고 있는데 정작 교회는 잘 모르고 심지어 견고화하는 길이 교회 안정화, 성장이라고 생각한다는 점이 놀라운 일이다. 그렇다면 한국 개신교의 어떤 측면에서 교회의 관료제화로 인한 병리 현상들이 교회를 위기로 몰아넣고 있는지, 몇 개의 카테고리 중심으로 살펴보기로 한다.

① 수단의 목표화와 형식주의

교회관료제화에 나타나는 첫 번째 병리적인 모습이 '수단의 목표화와 형식주의'다. 교회를 운영하는 데 있어서 조직과 인사직분, 예산관리헌금 등 이 모든 관리의 궁극적인 목적은 온전한 예배를 위한 하위 수단에 불과하다. 그런데 이 하위 수단이 수행되는 과정에서 수단 자체가 목표로 대체되는 것을 '수단의 목표화'라 한다. 이는 목표인 예배의 본질은 멀어지고, 수단인 종교 제도와 종교심이 예배를 대신하여 거룩함의 가면을 쓰고 성전에 버젓이 앉아서 주인 노릇 하고 있다는 것이다. 한마디로 비본질adiaphora 이 본질을 삼켜버린다는 것이다. 본말이 전도되어 교회의 주인이 바뀐 셈이다. 이러다 보니 교회의 '제도적 이기심institutional selfishness'이 예배와 기도의 목표가 된다. 목자의 이기심이 하나님의 자리로 둔갑시키는 예배의 거룩한 타락이다. 누구를 위하여 종을 울리나이다. 여기서 특히 제도적 이기심은 교권주의에 따른 종교적 지위와 권력 및 명예 등등, 하나님의 이름으로 헤아릴 수 없을 정도로 다양한 스펙트럼을 띠고 있다.

한 예로, 노회장 선거에 당선되도록 특별 새벽기도회가 열리고, 당선되면 교회당에 당선 축하 현수막과 메시지가 버젓이 올라오고, 노회장의 직명으로 그룹을 지어 국내외로 선교인지 여행인지 모르나 쉴 새 없이 쏘다닌다. 이것이 한국 개신교 각 노회들의 관행이다. 물론 노회 자체도 정치 관료화되어 신뢰를 잃은 지 오래다. 그곳에 가보면 종교지도자들의 행태가 세속 못지않게 정치적이다. 이뿐만 아니라 사회적 단체 등, 다양한 직책의 감투를 이 모양 저 모양 쓰고 앉아 목자로서 직무유기를 하고 있다. 그런데도 하나님의 은혜라고 축복이라고 선전한다. 두려운 것은 이 같은 제도적 이기심을 숨기고 성경 말씀을 끌어들여 자기합리화함으로써 신자들의 신앙의 도道를 오도誤導하고 있다. 예배가 세워져야 할 곳에 세속정치가 판을 치고 무지한 신자들은 이 교권의 허위의식에 춤을 추고 있으니 가슴 아픈 일이다. 거룩은 눈을 씻고 찾아봐도 없고, 세속 명예로 불타오르는 자기만이 만든 금송아지만 붙들고 있을 뿐이다. 마치 큰일을 하는 것인 양 떠들어대고 정당성을 부여하지만, 목자가 서 있어야 할 곳은 제도의 장이 아니라 잃은 양, 한 마리 한 마리를 찾기 위해 고독한 광야가 아닌가? 주님은 "나는 선한 목자라 선한 목자는 양들을 위하여 목숨을 버리거니와", "네가 나를 사랑하느냐, 내 양을 먹이라"라고 했다.

사실 목자라는 직책은 교회가 추구하려는 온전한 예배의 수단에 지나지 않는데, 이를 책임지고 전념하다 보면 그것이 본질인 양 착각할 수도 있고, 또한 제도적 이기심이 작동되면서 수단의 위치를 망각할 수도 있다. 그러기에 목자는 늘 자신을 점검하고 깨어 있어야 교권주의로 똘똘 뭉쳐져 있는 〈*교회의 관료제화*〉라는 바벨the Tower of Babel을 무너뜨릴 수 있다. 더욱 문제가 되는 것은 교권을 유지하기 위하여 장로들의 건전하지 못한 세속 제안과 타협하기 시작한다. 타협이 완성되면 당회라는 기능이 형식화로 부패되지만, 교권은 더욱 견고해지고 당회의 건전한 기능이 상실되면서 평신도를 옥죄고 교회 문제의 책임을 평신도들에게 돌리기 시작한다. 이뿐만 아니라 이런 교권주의 하에 견고한 계층제를 유지시키는 온갖 편법과 비성경적인 행위가 세상보다 더 유치하게 진행된다. 전형적인 것이 '직분 선출제도'이다. 오로지 이 수단적인 교권을 유지하기 위하여, 교회는 자신도 모르게 관료제화의 병리적 늪으로 지칠 줄 모르고 빠져들어 간다.

루터의 종교개혁 당시도 똑같은 문제로 종교가 부패되면서, 교권의 유지를 위한 면벌부 판매, 성직 매수 등 온갖 제도적 이기심으로 예배를 부패시켰다. 성직자가 대규모화된 교회조직의 정점에 서게 되면, 권력과 명예와 물질의 유혹에 빠지기 쉽다. 예수님이 공생애에 들어가기 전, 광야에서 마귀로부터 받은 시험 모두가 이것들이 아니었던가? 그 종교적 권력과 명예를 계속 유지하기 위해 재정을 지탱해 줄 제도에 집착한다. 교회 재정을 지탱하기 위해서는 직분이라는 공조직을 최대한 활용하려는 사욕이 발동된다. 이 제도적 이기심이 신자들의 직분과 타협하면서 진리와 영의 예배와는 멀어지기 시작하고 우화적 설교가 춤을 추며, 동시에 번영신앙이라는 해괴한 궤변을 예배 단상에 펼쳐놓게 된다. 여기서 교회 직분 제도가 힘을 발휘하기 시작한다. 이 같은 형국에서, 한국 개신교는 직분 제도의 문제점을 세심히 들여다보고 그 은밀한 마귀의 비밀을 꿰뚫어 보는 영적 통찰이 필요하다. 왜냐하면 직분 제도는 교회조직을 운영하는 데 있어서, 생각 없이 본다면 매우 의미 있고 설득력도 있어 보여 부정하기가 사실 어렵다. 이 말은 형식적 보호의 외곽성이 그만큼 크다고 보아야 할 것이다. 관행화된 제도나 문화의 관성이란 매우 견고해서 스스로 자각하거나 객관화하기 힘들고 설상 알아도 고치기가 쉽지 않다.

사실 이 직분 제도는 의인의 옷만 걸치고 있지, 근본 죄성을 가진 인간들은 이 제도의 유혹에 쉽게 주저앉는다. 사탄이란 다름 아닌 하나님의 명령말씀을 인간의 욕망으로 바꾸게 하는 악한 존재가 아닌가? 즉 말씀을 왜곡하고 변질시키는 것이다. 신자들은 직분의 존귀함을 온갖 신앙적 명분을 들이대며 믿음의 분량으로 둔갑시키고, 심지어 목자는 성경을 우화적으로 해석하여 택함 입은 직분 권위의 옷을 입히는 데 교만을 부린다. 교권주의 입장에서, 이 직분 제도만큼 공식적으로 명분을 갖추어 주는 데 더 적합한 것이 없기 때문이다. 선거를 통해 뽑혔다는 것이다. 사실 거룩함을 잃은 제도적 메커니즘이 무슨 의미가 있겠는가? 종교개혁 당시 신성로마제국 황제는 7명의 선제후에 의해서 선출된 선거 황제였다. 이들 중 세 사람이 종교 제후였으므로 독일의 종교 세력은 막강했다. 선거라는 종교 제도가 성직자의 이기심으로 부패되면, '예배 실패worship failure'로 귀착되어 신앙 공동체가 영적 힘을 잃어버린다. 이들이 율법적 종교심에 열 올리는 바리새파와 무엇이 다르겠는가?

직분의 마력은 대단하다. 신자는 직분을 통해 목자의 교권을 지탱시켜 주면서 종교적 직위 권력을 행사한다. 삯꾼 성직자들은 신자들의 속마음을 너무나 잘 간파하고 활용한다. 마치 로마교황청이 신성로마제국 독일을 먹잇감으로 여겼던 것과 별반 다르지 않다. 이처럼 세속의 가치가 교회에 그대로 침투되어 예배를 엉망진창으로 만든다. 직분 선거가 시작될 때는 교회 잔치라고 하면서도 끝날 때마다 그 후유증으로 홍역을 치른다. 이는 잔치의 정체성을 상실했기 때문이다. 이를 잠재우기 위해 목자는 설교단에서 직분 선출의 거룩함을 옷 입히는 데 열 올리고, 직분의 우상화를 위해 간교를 부린다. 무지한 신자들은 목자라는 타이틀에 눈이 어두워 이 교권의 허위의식에 압도당하고 만다. 이 모든 행태를 자세히 살펴보면, 예수님이 이 땅에 오셨을 때 유대 땅에 대제사장, 율법 학자, 바리새인과 백성의 장로들이 즐기던 요리들이 아닌가? 그때 주님은 그 요리 밥통을 뒤엎고 힐책했다. 그들은 자신들의 이기적인 하나님 프로젝트에 몰입하여 그들 바로 눈앞에 계신 예수님을 주목하지 못하였다. 그들은 얼마나 형식적이고 율법적인 외식을 좋아했던가? 여리고 도상에서 외식의 극치를 보인 그들과 선한 사마리아인의 비유를 기억해 보자. 자신들의 종교적 기득권에 함몰되어 한 치의 부끄러움도 없이 주님의 길을 훼방한 사기꾼들이 아니었던가? 이들이 수단의 목표화와 형식주의의 화신이다. 끝까지 자기의 허물을 회피하고 자신들의 자리와 대접의 위협에 두려워 예수를 '신성모독 죄'라는 죄목을 덮어씌운 무도한 무리였다. 엄밀히 말하면 당시 종교지도자의 포괄적 교권 횡포였다. 이 직분 제도가 수단의 목표화의 중심에 서서 교권 폭력에 앞장섬에도 불구하고, 오늘날 한국 개신교에서, 왜 공고하게 건재하는지를 확인할 필요가 있다. 잠시 여기서 한국 개신교의 관료제화를 작동시키는 직분 시스템이 어떤 측면에서 교권주의를 강화하고 예배를 방해하는지, 또한 수단의 목표화와 어떤 상관관계가 있는지 좀 더 자세히 짚어보기로 한다.

〈교회 관료제화〉와 〈직분 시스템〉

교권주의 유지를 위한 교회 제도의 전형이 《교회의 관료제화》이다. 교회의 관료제화를 떠받치고 있는 것이 직분 시스템이라는 것을 앞에서 충분히 설명했다. 직분 시스템은 운영 자체뿐만 아니라 교회의 관료제화와 유기성을 가지고 다양한 모습으로 예배를 오염시키고 있다. 오늘날 한국 개신교의 직분 제도는 어린아이와 같이 순수하고 하나님의 진리를 사모하고 교회를 찾는 영혼을 질식시키고 있다는 것이다. 종교적 제도가 본질보다 강조되다 보니, 하나님의 설 자리를 빼앗게 되어 예배의 거룩함이 무너져버린다. 순수한 믿음으로 시작된 신자도 시간이 지나면서 자신도 모르게 직분 제도에 습속 되고 예속되어, 교리에 절인 껍데기 예배에만 열을 올리고 '행위의 의'를 자랑하게 된다. 한국 개신교의 직분 시스템은 교권주의의 힘을 지탱하는 견고한 제도로 철저히 관료화되어 있다. 문제는 직분 자체가 아니라 직분에 가려진 인간의 거룩한 탐욕과 관료제화로 나타난 교회 병리 문화이다. 정치·행정 분야에서도 1980년 이후는 관료화된 조직은 조직의 효율성에서도 퇴물이 되었다. 근데 아이러니하게도 한국 개신교의 직분의 관료화는 갈수록 단단해지고, 예배 부패의 출발점에 서 있다는 것이다. 그렇다면 교회의 관료제화에 최첨병 역할을 하는 직분 시스템이 어떤 점에서 구체적으로 문제가 될까?

(질문 1) 우선, 한국 개신교의 직분 시스템에 따른 직분 선출은 어떻게 이루어지나요.

한국 개신교 장로회의 직분 시스템은 앞 [한국 교회의 계층제, 그림]에서 살펴본 것처럼 피라미드식 계층제로 서열화돼 있다. 교단마다 조금씩 다른 명칭을 사용하고 있지만, 당회장 목사를 정점으로 목사 → 장로 → 남성 안수집사 (여성 권사) → 서리 집사 → 평신도라는 계층제이다. 이 시스템을 아래에서 위로 순서대로 설명하면, 첫째 평신도이다. 평신도는 예수를 믿기 위해 처음 교회에 출석한 분들이다. 이들은 교회 등록을 하고 일정 기간의 신앙훈련을 받은 후, 6개월 이상 되면 세례를 받고 신앙생활을 하는 자들이다. 둘째, 평신도로서 신앙생활을 하면서 1년 이상, 또는 일정 기간이 지나면 서리 집사의 직분을 받는다. 서리 집사는 항존직(恒存職: 선출직 직분)이 아니기 때문에, 매년 서리 집사 임명 동의서를 당회에 제출해야 한다. 물론 교회마다 조금씩 다를 수 있다. 동의서 제출에서 벗어나려면 항존직이 돼야 한다. 이런 형식주의는 명분이 전혀 없는 것은 아니지만, 신자들에게 피로만 쌓이게 한다. 서리 집사 동의서 제출 제도는 선의를 이탈하여 상위 항존직의 권위를 인식함과 동시에 아직은 책임 있는 교회 직분이 아니라는 표현 수단, 그 이상 이하도 아니다. 여기서부터 신자는 알게 모르게 기독교의 비본질에 줄을 달기 시작하고 교회 관료제화에 틀을 세우는 데 충성한다. 셋째, 남성은 안수(장립) 집사, 여성은 권사라는 직분이다. 이 직은 항존직으로서 당회의 서류심사로는 통과되지 않고, 세례교인 이상의 신자들로부터 투표를 통해 2/3 이상의 표를 얻은 자. 항존직의 후보로 추천되는 것 또한 까다롭다. 당회에서 서리 집사 중에서 후보자를 선출하여 올린다. 후보자로 뽑힌 자는 당회에서 요구하는 서약서에 동의서를 제출한다. 그 서약 동의서의 내용은 십일조 등을 비롯해 열 가지 정도의 준수사항이다. 이 모든 절차가 서명, 확인되면 최종 투표에 부쳐진다. 이렇다 보니 안수집사와 권사에 선출되는 것도 재수, 삼수하는 에피소드도 벌어진다. 이렇게 선출된 예비 안수집사들은 몇 주 동안, 당회장으로부터 일정 교육을 받고 약식의 성경 시험과 안수식을 통해 임명된다.

마지막으로 장로 직분이다. 장로선출에는 목사와 실무 장로로 구성된 당회원으로 입성하기 때문에, 당연히 그 선출 절차는 안수집사 때보다 더 까다롭다. 교회의 크기에 따라 조금씩 차이는 있지만, 일단 숫자 면에서 경쟁이 치열하다. 장로 후보자는 전체 안수 집사 중에서 후보자 규정에 따라 추천이 되지만, 소수의 장로를 선출하기 때문에 경쟁이 좀 높다. 장로 후보로 추천된 안수집사는 역시 장로직 준칙 동의 서약서를 제출하고 투표에 부쳐진다. 이 또한 세례교인 2/3 이상 표를 받아 선출되지만, 단번에 뽑히는 경우가 극히 드물다. 가령 5명 뽑을 예정이라만 보통 1~2명 정도 뽑힌다. 그것도 2차 투표까지 치르면서 뽑히는 경우가 많다. 이렇게 예비 장로로 선출된 자는 당회장으로부터 일정 기간 교육을 받고, 노회에서 실시하는 장로 시험을 거쳐 안수식을 통해 장로로 임명된다. 이런 과정으로 직분자가 선출되기 때문에 피라미드 위계적 계층제를 이루는 것은 당연하다고 볼 수 있다.

(질문 2) 그렇다면 직분 시스템과 직분이 주는 의미가 어떤 점에서, 직분자의 선출과정과 유관해서 문제가 되나요.

우선 직분을 서열화시켜 놓은 시스템 자체가 문제 있다고 본다. 교회 입장에서 본다면, 직분 시스템은 단지 믿음의 분량에 따른 봉사직에 불과할 뿐이지 서열화된 계급이 아니라고 본다. 그 이유는 목자의 관점과 신자의 관점은 확연히 다른데도 최정점에 있는 목자가 서열이라고 인정하면 교권주의를 간접적으로 인정하는 꼴이 되기 때문이다. 그런데 직분 선출과정과 그들의 직무행태를 보았을 때 전혀 그렇지 않다는 것이다. 직분 상승이 단계마다 점점 더 까다로워지고 경쟁이 있는 것은, 봉사직의 순수함이 퇴색되었거나 아니면 숨은 의도가 있다는 것이다. 한 예로 시스템에 있어서 서리 집사는 뭐고, 안수집사는 또 뭐고, 왜 집사의 단계를 두 개씩이나 두고 있는지, 교회가 관료제화되다 보니 중간 간부직이 필요해서일까? 재정확보 시스템을 더욱 견고하기 위한 장치인가?

성경에는 서리 집사와 권사라는 직분은 없는데, 이는 순전히 한국에서 만들어진 토착화된 직분이다. 권사라는 직분도 남성 안수집사라는 직을 두다 보니, 여기에 걸맞은 여성 직분으로 생긴 감투인 것 같다. 요즘 어떤 교단에는 여성에게도 장로의 직책을 부여하고 있다고 한다. 장로교의 장로의 직은 말 그대로 교회에 나이 든 종교 행정지도자로 칭할 뿐이다(뒷장 교회 직분의 유래 참조). 물론 오늘날 장로와 성경상의 장로는 전혀 다른 직이지만, 어쨌든 장로의 이미지 또한 성경에서 긍정적인 면보다 부정적인 곳에 훨씬 많이 등장한다. 이들은 예수를 죽이려는 음모의 중심에 서서 적극 가담했던 자들이 아닌가? 그런데, 왜 한국 개신교에서는 까다로운 동의 서약서까지 제출하면서 항존직으로 선출되려고 할까. 직분이 주는 의미는 도대체 뭘까? 성경 관점에서 본다면 선호의 매력도는 매우 빈약한 근거일 뿐이다. 다만, 칼뱅 이후 교회도 사람들이 모인 관료제 조직이다 보니 교회 운영의 효율성과 투명성을 확보하기 위해, 신실한 분들이 교회 행정을 주관하는 것이 좋다는 뜻에서 출발했고 그 이상도 그 이하도 아니다. 이 모든 시스템은 성직자와 종교학자들이 교회 관리의 효율성을 위해 도출한 제도일 뿐이다.

한국 개신교는 이런 직분 시스템에서 신자의 '믿음 분량'을 끌어들여, 위계질서에 따라 직분을 거룩함으로 옷을 입혀놓았다. 그러고서는 당회에서 신자의 믿음을 측정하여 직분 선출에 기준으로 삼는다. 참 어처구니없고 황당하다. 정작 본인들은 어떤가. 당회가 신자의 믿음을 무슨 근거로 객관화하고 측정한단 말인가? 헌금인가, 지적 수준인가, 도덕적 수준인가, 아니면 그들 앞의 충성심인가? 하나님이 있어야 할 자리에 당회가 앉아서 바벨의 언행으로 통치하고 있다. 이를 결정하는 장로들의 직권남용이 좀 심하다. 항존직의 후보에 오르려면 당회에 밉보이면 탈락한다. 가령 안수집사 활동 기간에 잘못된 교회 정책에 조금이라도 문제를 제기한다든지, 당회 정책에 반기를 들면 장로 되기를 숫제 포기해야 한다. 교회에 장로가 되려면, 서리 집사 때부터 장로로 선출될 때까지 헌금에서부터 목사 · 선임 장로 · 신자에 이르기까지 행위의 의로 열심히 충성해야만 될 수가 있다. 말로는 선한 일꾼을 뽑는다고 하는데 하나님을 향한 충성은, 글쎄? 선거 때가 임박해 오면 교회 주차장 봉사부터 교회 출입구에 서서 악수와 고개 인사로 눈도장 열심히 찍고, 온몸을 불태워야 그곳에 이를 수 있다. 이것이 봉사인가? 봉사(奉仕)의 봉은 받들 봉이고, 사는 섬길 사인데, 이런 상황을 보면 봉사는 자리를 얻기 위한 교회 상급 직급자를 받들고 섬기고, 나아가 자신을 받들고 섬기고 있는 것이 아닌가 싶다. 이런 우상이 세상 어디 있는가? 세상 어느 나라에 가도 이런 교회의 모습은 처음 본다. 교회가 정치판도 아니고, 참 보기가 민망하고 쑥스럽다. 이 모든 것이 교회 관료제화로 생긴 서열화의 병리일 뿐이다.

물론 봉사하고 싶어 열심히 하는 신실한 신자들도 있다. 그런데 칼뱅의 장로회 장로 역할의 근본 취지를 본다면 모순이다. 적어도 교회 행정지도자라면 교회의 중요 결정을 판단할 수 있는 성경적 지식과 분별력과 도덕성이 제대로 갖추어져 있어야 하는데 이와는 너무나 동떨어져 있다. 행위의 의로 분망한 자가 선발되는 경우가 태반이다. 그러다 보니 세상 상식보다 더 수준 낮은 일이 당회에서 벌어지고, 교회가 분란에 휩싸인다. 로마서 12장에서 각자의 봉사의 달란트가 있다고 말하고 있다. 우리는 지음 받은 본연의 모습대로, 자기가 아닌 다른 무엇이 되려고 애쓰지 말라고 하는 뜻이 무엇인가? 필자가 신앙생활 50여 년 동안 하면서 몇 차례 이사로, 중대형 크기 정도의 교회(1,500~3,000여 명) 몇 곳에 출석했는데, 우연인지 몰라도 속한 교파도 모두 달랐는데도 한결같이 비슷한 행태를 보이고 있다는 데 놀랐다. 사회처럼 공개채용 시험으로 통과된다면 굳이 이런 가식적이고 형식적인 행태가 필요하지 않을 것이다. 그래도 어느 정도 교인들의 의식 수준이 있는 교회에서는 그 강도가 미약하다고 하나, 수준 이하의 교회에서는 정말 상상치 못할 촌극이 벌어진다고 해도 과언이 아니다. 이러다 보니 교회는 교권주의에 갇혀 율법주의와 교회주의의 문화에 젖어 부족 교회의 모습만 무성하고 영적 힘을 잃고 있다. 이런 현상을 보고 사회에서는, 사이비 집단을 보면 종교 집단과 같다고 한다. 등하불명이라든가. 정작 모르는 사람은 교회다.

이뿐만 아니라 직분 선출과정에서도 텃새와 끼리끼리 문화로 신실함은 온데간데없고, 심지어 지역색까지 동원되어 종교적 기득권의 카르텔을 형성하여 학교 반장선거보다 못한 모습을 보인다. 선거가 끝나고 나면 그 후유증이 오래오래 가면서 차마 보지 못한 모습을 많이 본다. 이를 잠재우기 위해 당회장 목사는 설교 단상에서 '선출 직분자는 하나님이 선택한 귀한 종'이라 언명한다. 무의미한 교권의 추태는 온갖 현란한 말로 강대상에서 열창하고, 심지어 선택받지 못한 자들에게 "배가 고픈 것은 참지만, 배가 아픈 것은 못 참는다"라는 속된 말을 서슴없이 토하고, 내적 부름이니 외적 부름이니 성경에도 없는 해괴한 말로 강변한다. 이는 귀하지 않은 것을 귀하게 조작하다 보니 나타난 현상이다. 이렇다 보니 신자들 간에 뒷담화로 수군거리고 스스로 은혜를 저버리는 강도의 소굴이 되고 만다. 성직자의 언행이 온유하고 진중해야 목양을 신뢰할 수 있다. 오직 목자는 양을 치는 청지기다. 누가 항존직에 선출되지 않았다고 배가 아프겠는가? 그런 신자는 없을 것이다. 다만 그 과정이 불의하다면 잠시 불편할 수는 있다. 오히려 당회가 교권에 탐닉하고 있는 위선적인 변명일 수 있다. 이것이 한국 개신교의 부끄러운 현주소이다.

여기서 분명히 짚어야 할 것은, 직분 시스템의 본질적 문제는 교권을 위한 교회 관료제화에서 나타난 병리 현상과 당회의 직분을 바라보는 그릇된 태도이다. 이로 인해 예배의 본질이 보이지 않고, 제도의 껍데기에 쌓여 비본질이 예배를 방해하고 있다는 것이다. 교리적 보수성이 강한 교단일수록 그 정도가 더 심해 보인다. 그런데도 신자들은 이에 대해 한마디 문제도 제기하지 못하고 고개를 떨군다. 심지어 "순종이 제사보다 낫다"(삼상 15:22)라는 성경 구절을 인용하여 성경 말씀을 왜곡시키기도 한다. 이런 우화적 해석이 어디 있나? 하나님에 대한 순종(하나님께 합당한 순종)이 갑자기 당회의 순종으로 돌변하여 우상화되는 것을 보면 경악을 금치 못한다. 다 이렇게 된 데는 성직자가 신자들에게 무엇이 진정한 하나님에 대한 순종인지 올바로 가르치지 못했거나, 아니면 그들의 종교적 이기심 때문이다. 한마디로 거룩함은 사라지고 사이비 종교집단의 교주와 신도 같아 보인다. 이런 교회 문화에서 신앙생활을 하는 신자의 인내심과 충성심은 과연 어디에서 나왔을까? 결국 항존직의 선출과정을 통해서 한국 개신교는 서열화와 당회 중심적 계층제가 확고히 자리 잡는다. 이것이 한국 개신교의 관료제화의 기본 골격이다. 즉 당회는 그들의 권력화와 존엄성으로 스스로 바벨을 만든다. 이것이 바로 교권주의의 발동이며 교회 관료제화의 출발이다. 여기에서 개교회(個敎會)마다 소위 중세 로마교황청과 유사한 소왕국이 만들어지고, 이에 따른 관료제화의 병리 현상으로 예배가 껍데기의 길로 접어든다. 문제의 심각성은, 이를 감지 못하고 개구리가 솥 안에서 뜨뜻한 것에 취해 잠들다 죽는 것과 마찬가지다. 진리가 멍들고 신자의 영혼이 죽어간다.

(질문 3) 교회 관료제의 최정점에 있는 당회원, 왜 그 구성원에 진입하려고 그렇게 기를 쓰는지, 반면 장로란 직분이 꼭 그렇게 부정적인 측면으로만 볼 수 있나요, 그렇지 않은 장로들도 많이 있잖아요.

우리나라는 근대화 이전까지, 조선왕조 530년은 제왕 중심의 양반 문벌 관료 사회였다. 그러니 신분도 사농공상의 순서에 따라 생각하고 벼슬(관료)을 해야 체면이 선다. 이런 유교 관료문화가 오늘날 한국 사회 곳곳에 깊이 뿌리내리고 있어 모든 분야에 본질보다 감투를 추구하니, 공ㆍ사직은 물론이고 심지어 교회조직 안에서도 벼슬 관료문화가 영향을 미쳐왔다. 특히 하나님의 공의와 사랑으로 상징되는 신앙공동체 안에서 평신도가 아닌 종교지도자직을 갖는다는 것은 주님의 결정체를 한 몸에 갖는다는 잘못된 교회 문화에 각인되어 있으니, 그 직을 갖기 위해 애를 쓴다. 또한 교회 내에서도 선출직이라는 지위권력의 자리에 앉아 매주 교회 단상에 올라가 대표 기도를 인도한다. 그런데 신실한 종교지도자로서의 모습과는 좀 거리가 있어 보인다. 한국 개신교회가 이 땅에 들어와서 정착되는 과정에서 장로라는 직이 거룩함의 옷을 입고 돌연변이가 되었다.

정치사회에서도 정치제도(가령, 민주주의)와 정치이념은 크게 다르다. 히틀러도 정치제도에서는 절차적 정당성을 갖고 당선된 수상이다. 그러나 그의 정치이념(신조)은 매우 달랐기에 인류에 가장 포악한 행위를 했다. 마찬가지로 종교적 제도와 신자의 종교적 신념(믿음)은 매우 다르다. 이것을 동일시했을 때, 동일시하려고 억지 춘향을 만들려고 할 때 사탄의 사냥감이 된다. 예수는 그 같은 외식주의자에게 독사의 새끼, 회칠한 무덤이라고 질책했다. 흔히 장로 시험도 장로 고시라는 이름을 붙여서 대단한 것같이 포장한다. 성직자나 신자들이 장로를 믿음의 표상으로 올려놓고 스스로 거룩하게 만든다. 심지어 선출된 예비 장로들이 시험 통과에 어려움이 있어 당회장이 시험 전에 노회에 가서 협조를 요청하기도 한다. 장로 선출과정부터 피택에 이르기까지 형식적 율법주의만 난무할 뿐 복음의 모습은 찾아볼 수 없고, 개교회나 노회나 내면은 형식과 껍데기로 꽉꽉 채워져 있다. 이는 한 예에 불과할 뿐 일일이 열거할 수 없을 정도로 많다. 즉 신앙은 둘째치고 염치의 문제다. 부끄러움이 없으면 무슨 짓도 한다는 말이 있다. 복음의 양심에 민감하고 최소한의 정직이 있어야 신앙공동체의 본이 될 수 있지 않겠는가? 신앙공동체에서 하나님의 본이 되어야 후배 신자들에게 참 신앙의 유산을 물려줄 수 있다.

우리는 "하나님이여 내 속에 정한 마음을 창조하시고 내 안에 정직한 영을 새롭게 하소서. 나를 주 앞에서 쫓아내지 마시며 주의 성령을 내게서 거두지 마소서"(시 51:10-11). 이 말씀을 인용하여 자주 기도한다. 하나님 앞에서 다윗의 정직성 회복을 위한 겸손한 기도는 성령의 역사며 은혜가 아닌가? 정직하게 할 수 없는 제도라면 신자들에게 숫제 요구하지도 말고, 형식적인 제도라면 시험 들지 않도록 폐기해야 한다. 왜 형식주의로 신앙의 양심을 멍들게 하는가. 그동안 교권을 위해 온갖 껍데기 제도를 정당화하는 수단으로, 성직자는 단상에서 헛된 설교로 직분을 얼마나 우상화했던가? 교회가 하나님 공의를 생명으로, 정직을 무기로 하는 곳이 아닌가. 교회의 중요한 결정을 짓는 사람을 선출하는 데 복음의 기본상식도 갖추지 않는 자가 행위의 의로 종교지도 자로 선출되고, 당회권을 행사하니 불의가 끊이지 않는 것은 당연지사다. 그런 데도 이런 일이 관용된다는 것은 본질보다 비본질적인 교권을 더 중시하고 있 기 때문이다.

물론, 한국 개신교가 이 땅에 들어와서 지금까지 성장하는 데는 강직하고 훌 륭한 종교지도자들이 없었던 것은 아니다. 장 칼뱅(Jean Calvin, 1509~1564) 은 스위스의 종교개혁을 인도하면서 새로운 교회통치 시스템을 구성할 때 목 사, 교사, 장로, 집사를 포함하면서 장로 중심의 교회를 창설했다. 이를 시작으 로 오늘날 세계 곳곳에서 장로교회란 이름으로 교회가 운영되고 있다. 구체적 인 운영방식은 나라마다 다소 차이를 보인다. 한국 개신교는 형식에 있어서, 이 땅에 전래될 때 장로 중심의 교회로 시작하여 오늘에 이르렀다. 한국 교회 사에서도 보다시피, 초대 한국 개신교의 종교적 지도자들은 고난과 핍박이 있 는 곳에서 민족과 신앙공동체를 위해 헌신에 앞장섰다. 반면 1960년 이후, 권 위주의적 관료 서열문화와 물질 중심의 배금사상이 교회에 침투되면서, 종교 지도자로서의 장로직이 본연의 모습을 잃고 점점 세속화되고 한계에 봉착했 다. 이제 한국 개신교회에는 주인인 주님이 잘 보이지 않고 목사와 장로들의 당회 교권만 커 보인다. 이는 교회의 정체성인 성경상의 초대 교회가 죽어가 고 있다는 징표다.

(질문 4) 그렇다면 직분의 관료화에 정점에 있는 성직자와 장로 중심의 '당회'가 한국 개신교의 위기로 몰아넣는 가장 큰 역할행태는 무 엇입니까?

한국 개신교는 '당회'·'제직회(집사 직분 이상인 자)'·'공동의회(전 교인)'로 운영된다. 이들 모두 회장은 담임목사가 맡고 있고, 실제적으로는 '당회' 중심 으로 운영된다고 보면 된다. 당회원은 담임목사, 부목사, 시무장로들로 구성되 고 당회장은 담임목사이다. 당회원은 교회의 중요한 모든 정책을 결정하는 기 능과 교회 각 부서의 부서장으로 활동한다. 한마디로 교회에서 중책을 행사한 다. 그렇다보니 당회의 권한이 막강하다. 그 이유는 한번 당회원이 되면 퇴임 할 때까지 당회원이다. 과거에는 당회장 목사 중심의 교권이었다면, 이제는 장 로들이 합세하여 교권을 행사한다고 보면 된다. 즉 교권의 공생으로 집단화되 어 가고 있다는 점이 우려된다. 물론 당회 안에서도 목자와 장로들 간에 역학

관계 속에서 힘겨루기 싸움도 한다. 이로 인해 교회 분란이 자주 일어난다. 이 또한 당회원 간의 교권 다툼이다. 이는 성직자와 장로 중심의 '당회'가 권위적 교권에 포획되어, 서열화된 계층제를 제도화하여 비성경적인 기독교 관료문화를 확산시키는 데 정점에 서 있다는 것이다. 이렇다 보니 〈교회의 관료제화〉는 명약관화하다. 교회의 관료제화는 직분의 관료화이다. 직분의 관료화는 직을 통해서 특유의 권위주의적·획일적·율법주의적인 종교행태를 띠게 된다. 그렇다면 직분의 관료화가 어떤 측면에서 한국 개신교의 위기로 몰아넣을까? 직분이 관료화되면, 크게 두 가지 문제가 발생되면서 신실한 신앙생활과 건강한 예배를 방해한다.

*하나*는 신자들이 직분에 자유 함을 얻지 못한 채, 자칫하면 평생 위선적인 신앙생활을 한다는 것이다. 이는 신앙인의 정체성의 문제이다. 네 단계의 위계질서에 자기도 모르게 학습되어, 척 척하는 가식적인 헌신을 해야 하는 경우가 많다. 헌금에서부터 봉사 및 선교활동 등, 물심양면으로 열심히 봉사는 하는데 도무지 기쁨이 없고 심지어 회의에 빠지기도 한다. 교회 안에서는 선한 사마리아인인데 교회 문을 나서면 바리새인이 된다. 한 번도 신실한 믿음의 마음으로 헌금이 드려지지 못하고 직분에 짓눌려 하나님과의 인격적 교제가 정합(整合)되지 않는다. 매주 헌금 봉투에 이름을 열심히 써야 하고, 봉사와 선교에 자신의 선행을 주보에 열심히 드러내야 하고, 서리 집사 동의서에 매년 성실히 서명해야 하고, 항존직 선거 때마다 직분 준칙 동의 서약서에 서명해야 한다. 예수께서 "오른손 하는 일을 왼손 모르게 왼손 하는 일을 오른손 모르게 하라 했다." 나의 선행이 다시 돌려받을 수 있는 자에게 하는 것은 진정한 선행이 아님을 말해 주고 있다. 내가 무엇을 돌려받았느냐고 항변할지 모른다. 열심히 헌금하고, 봉사하고, 선교하고, 내 시간 빼내어서 헌신했는데라고 말할지 모른다. 근데 주님 앞에 서는 것은 선행의 크기와 분량이 아니다. 주님 앞에서 그렇게 항변한 자들은 2천 년 전 유대 땅에도 차고 넘쳤다.

그 당시에도 거짓 종교지도자들과 허수아비 신자들이 많았다. 얼마나 많았으면 예수께서 "나더러 주여 주여 하는 자마다 다 천국에 들어갈 것이 아니요. 다만 하늘에 계신 내 아버지의 뜻대로 행하는 자라야 들어가리라 그날에 많은 사람이 나더러 이르되 주여 주여 우리가 주의 이름으로 선지자 노릇 하며 주의 이름으로 귀신을 쫓아내며 주의 이름으로 많은 권능을 행하지 아니하였나이까 하리니 그때에 내가 그들에게 밝히 말하되, 내가 너희를 도무지 알지 못하니 불법을 행하는 자들아, 내게서 떠나가라 하리라"라고 말했다. 왜 주님이 이렇게 목청껏 외쳤을까? 상대적 교리 의식이 작동된 직분의 행위는 종교적 행위로 은혜가 아니라 율법주의에 가깝다. 루터는 이를 '행위의 의'라고 불렀다. 하나님의 상급과 복(福)은 산상수훈과 복음에 나타나 있듯이 인간의 상급과 전혀 다른 영역임을 우리는 성경을 통해 잘 알고 있다. 따라서 이는 인간이 결정하는 것이 아니라 하나님의 영역이다.

이처럼 헌신의 본질은 상실되고 비본질적인 제도와 율법 형식에 얽매여서 자신을 획일적인 위계질서의 노예로 만들고 있다. 위계질서에서 직분의 종은 하나님의 선한 종이 아니라 위계질서의 권위에 순종하는 교권의 종이다. 열심히 헌신하여 안수집사도 되고, 권사도 되고, 장로도 되고 해서 교회의 종교지도자로 자리매김하여 주인의식을 갖고 싶은 것이다. 직분을 즐기기만 하고, 자기부인은 열쇠로 꼭꼭 채워두었다. 이러다 보니 자기도 모르게 종교적 행위에 철저한 바리새인들이 되어 버린다. 그러니 소망과 기쁨과 비전이 실종돼 버리고, 감사도 선행의 의에 의한 위선적인 감사에 최면을 평생 걸고 산다. 종교학자와 바리새인들이 헌금을 할 때는 꼼꼼히 장부를 적어가면서 동전 한 닢까지 십일조를 내지만, 하나님의 율법의 정수인 긍휼과 공평과 헌신과 같은 절대적인 기초는 허물어져 있었다. 이런 껍데기 신앙에 어떻게 성령의 인도하심을 기대할 수 있겠는가? 사람들이 이들을 보면 믿음이 대단한 사람인 줄 알지만, 속을 들여다보면 자타를 속이는 신앙 사기꾼과 다름없다. 늘 사랑하는 척하면서, 봉사하는 척하면서 산다. 예수는 그들의 삶이 하나님의 나라의 길을 막는 장애물과 같다고 말한다. 예수는 "수고하고 무거운 짐을 진 사람은 모두 내게로 오너라 내가 너희를 쉬게 하리라"라고 했다. 이는 정말 나와 함께하면 종교 생활이 아니라 자연스러운 은혜의 감성을 배워 자유롭고 온전히 쉬는 법을 익혀, 삶의 회복을 가르쳐 주겠다는 것이다. 이 도(道)를 배워야 어둠에서 빛으로 나와 진정한 하나님의 선물인 믿음의 자유를 누릴 수 있지 않겠는가? 그런데 이 어둠에서 탈출치 못하는 것은 직분에 대한 신성한 자기 프레임에 빠져있다는 것이다. 지금, 이 순간 진정 누구의 종인지 물어봐야 한다. 하나님의 종인지, 직분의 종인지 대답해야 한다.

대부분 항존직 신자들은, 그 직이 하나님으로부터 선택받은 직으로 신성화하고 남보다 더 좋은 믿음의 증표로 자기최면을 걸고 서로 즐긴다. 직분이 신앙인 것이다. 돈의 가치는 소유에 있는 것이 아니라 쓰임에 있다. 직분이 신앙으로 착각하고 행동한다면 그건 바로 돈의 가치를 소유에 두고 쓰임을 망각한 사람과 같다. 바리새인은 성경에 대한 지식이라도 있지만, 오늘날 항존직은 그것도 못 된다. 왜, 종교 행위로만 삐딱하게 보느냐고 항변할지 모르지만, 그들의 실생활과 교회 안에서의 의사결정과정(비밀주의)과 결과물들을 보면 그에 대한 증거는 즐비하다. 당회가 교회에서 처리하는 일을 보면, 세속의 습기와 육신의 정욕에 꽉 젖어 있다. 당회원들을 개인적으로 만나면 괜찮은 것 같은데, 교회 제도의 실제 운영과정의 행태를 보면 철저히 관료화되어 있고 권위주의적이다. 세상보다 더 천박한 결정을 하고도 태연한 것을 보면 간담이 서늘해진다. 하나님에 대한 두려움을 모른단 말인가? 한마디로 사랑과 공의와 긍휼이라고는 찾아볼 수 없다. 직분이 뭐길래? 표리부동한 행동을 서슴없이 하면서, 교회의 순종과 안정을 주장하는 모습을 보면 염치가 없고 무례하기 짝이 없다.

당회원은 교회 밖에 나가서는 직분은 서열이 아니라고 소리 높이면서 개교회에서는 전혀 다르다는 데 실소를 금치 못한다. 어느 정도 직분이 관료화되어 있느냐 하면 뼛속까지 박혀 있다. 이는 교리주의에 찌들어 있어 마치 거짓말을 계속하는 자는 그것이 참말인 양 착각하면서 사는 것과 같다. 한 예로 장로의 종류는 개교회마다 조금씩 다른데 대략 총 7가지 종류인데 온갖 명분을 빌려다가 감투를 씌워 교회 홈페이지를 펄럭이고 있다. 한국 개신교회가 직분의 감투를 얼마나 소중히 여기는가를 대변하는 징표다. 이제 모두 정신 차리고 예수님의 진리가 무엇인지 깨어날 때가 아닌가 싶다. 언제까지 어둠 속에서 길을 잃고 헤매고 있어야 하는가? 필자를 비롯하여 신자 누구나 이 같은 직분의 관료화에 자유로울 수 없다. 위기의 한국 개신교는 당회를 중심으로 한 교권주의의 사슬에서 풀려날 때 답이 있다. 세상과 사람 앞에 선 형식주의와 허위의식의 가면을 벗고, 코람데오(coramdeo)의 의미를 깊이 사유해야 한다. 하나님 앞에 섰을 때, 너 교회에서 무슨 직분 맡아서 일하였노라고 묻지 않을 것이다. 여기서 분명히 짚을 것은, 직분자를 탓하기보다는 교회 제도 그 자체에 문제가 있음을 통찰해야 한다. 제도의 틀이 물화하여 직분의 관료화로 나타나 예배를 부패시키고, 신자의 순수한 믿음의 자유를 도둑질하고 있다는 점이다.

*다른 하나*는 직분이 관료화되면 교회를 혼잡스럽게 만든다. 교회의 분란은 사탄의 먹잇감으로는 최적이다. 이는 목자와 장로들이 상호 이해관계에서 긴장의 고삐가 풀렸다는 점이다. 목자가 직분과 친교가 넓어지면 삯꾼 목사에 가까워진다. 여기서 이해관계는 사회에서 장사와 이득을 위한 이해관계가 아니라, 교회의 정책 결정에 있어서 권위적인 이해관계에 맞물려 있는 것들이다. 세속으로 말하면 직권남용과 직무 유기라는 뜻이다. 명분은 다양하다. 즉 교회 안정성을 포장한 비성경적 것들, 교회의 관료제화에 걸림돌이 되는 문제들의 제거 등이 대표적이다. 일반 사회에서도 심각한 사회문제가 되고, 정부에서

는 직권남용, 직무유기는 탄핵의 대상까지 되는 것들이다. 그런데 교회에서 이런 문제들이 비일비재하게 작동되는 데도 민감하지 않고 거짓 사랑으로 묵인하거나 방임한다. 성경은 "믿는 사람들의 공동체 안에서 이루어지는 일에 대해서는 책임을 져야 하고 교회 밖에 있는 사람들에게 판결을 내리는 것은 하나님의 몫이라고 한다"(고전 5:12-13). 심지어 교회법과 사회법은 다르다고 주장한다. 물론 다르다. 성경에 바탕을 둔 교회법이 사회법보다 더 도덕적이고 윤리적이어야 하는 데도 오히려 역행을 따르면서 다르다고 하니 정말 아이러니하다. 모두 형식적이고 선언에 불과하다. 그렇다면 성경이 잘못되었는가? 이 정도면 교회법은 오직 당회를 위한 우상물이다. 루터는 교황청의 파문 교서와 교회법을 불살랐다. 교회의 분란은 신자들에 의해서 발생되는 것은 극히 드물다. 모든 원인제공은 당회원에서부터 촉발된다. 왜냐하면 철저하게 관료화된 직분의 권위주의가 교회주의 내에서 작동되기 때문이다. 목자는 하나님의 유일 대제사장이고, 장로는 신자들로부터 선출된 종교적 지도자라는 것이다. 당회가 결정하는 일에 간섭하지 말라는 것이다. 예수님이 이 땅에 오셨을 때, 당시 공의회라는 것이 오늘날 당회와 유사하고, 로마교황청의 사제 중심의 행정 시스템이 또한 같다.

이를 좀 더 구체적으로, 교회 당회의 관료화가 교회를 얼마나 분란하게 만드는지를 크게 두 가지 점에서 살펴보면 ① '교회의 안정화'란 명분이다. 이 경우는 대부분 당회장인 담임목사와 직접 관련된 것이 많다. 성직자의 도덕적 문제가 대부분이다. 성추행, 허위학력과 이력, 교회 운영에서 부정부패 등으로 사회적 물의를 일으키는 경우와 세습 문제로 교인 간의 갈등이 있을 경우다. 이런 문제들이 발생하면 당회는 이를 수습하기 위하여, 상대화의 놀음으로 옳은 것이 좋은 것이 아니라 좋은 것이 좋다는 식으로 결정한다. 왜냐하면 개교회의 담임목사가 도덕적 지도력에 큰 상처를 입기 때문에 이를 방어하기 위한 명분이 교회의 안정화다. 이 명분으로 당회는 비민주적 · 비윤리적인 결정을 해도 조용히 그 결정에 따르는 것이 순종이라고 정의한다. 실은 이에 불순종하는 것이 하나님의 공의이지만, 교권의 칼날은 하나님의 공의도 난도질 당한다. 그 결과 교회는 내분에 휩싸이고 교권파와 비교권파가 갈라지고 집단 간 패싸움을 하게 된다. 종교 문제의 싸움은 일반적인 사회적 갈등보다 더 치열하고 죽기 살기다. 코람데오의 신앙은 하염없이 무너지고 종국에는 법정 다툼까지 벌어진다. 단순히 안정화라는 함정이 얼마나 신자들의 영혼을 갈기갈기 찢고, 증오와 분노의 집단을 만드는지 상상하기 힘든 일이 발생한다. 이 분란의 중심에는 당회의 관료화와 교권이라는 독사가 똬리 틀고 있기 때문이다.

② 교회의 관료제화의 걸림돌이라고 생각되는 일에, 당회가 절대적으로 개입하면서 오는 분란이다. 교회의 관료제화를 견고히 지탱하는 기둥이 위계적 직분이고, 직분은 헌금과 직결되어 있다. 달리 표현하면 교회 관료제가 무너지면 위계적 직분 시스템이 무너지고 헌금이 감소된다. 그러기에 당회는 직분 시스템을 더욱 중히 여긴다. 왜냐하면 그것이 무너지면, 그들의 종교적 지위가 한 순간에 와르르 무너지기 때문이다. 가령 코로나가 닥쳤을 때 당회가 가장 두려워했던 것이 헌금액의 감소였다. 그런데 실제로 신자 수는 감소했는데, 헌금액은 코로나 전이나 후나 별반 차이가 없다는 것이다(물론 교회의 크기와 형편에 따라 다를 수 있다). 이것은 견고한 직분 시스템이 뒷받침해 주기 때문이다. 한마디로 항존직은 개교회를 떠날 수 없다. 그들은 그들이 누리는 종교적 직위를 잃기 싫어하기 때문이다. 그런데 이걸 두고 목자들은 강단에서 위기 때 쭉정이와 알곡이 가려진다고 인격 모독적인 설교도 서슴없이 한다. 긍휼은 사라지고 교회주의의 오기만 부린다. 항존직은 가까운 교회를 두고도 30분 이상 걸리는 곳에서도 승용차를 몰고 오고, 한 시간이 넘는 거리에서도 전철을 타고 온다. 그래서 당회는 이에 대한 도전이 오는 어떤 제도나 문제 제기에 용납할 수 없는 것이다. 이러다 보니 직분 선출과정에서 당연히 당회의 교권은 직권남용을 넘어 폭력에 가까운 행사를 서슴없이 자행한다. 문제는 이런 직권남용의 행위에 무감각하고 죄의식이 없다는 데 더 놀랄 뿐이다.

교회 분란은 대체로 당회의 부당함을 아웃사이드에서 문제를 제기하면서 시작되기도 하고, 또한 신자들의 내면적 신앙 양심의 도전에 스스로 용납할 수 없을 때 일어난다. 시간을 두고 보면 서서히 표면적으로 분란이 가라앉는 것 같이 보인다. 그러나 선의가 작동되지 않고 인욕의 발판으로 지탱하는 제도나 거짓 신앙은 개인에게는 물론이고 교회에서도 은혜가 되지 않는다. 거짓된 당회원의 교권은 신자들로부터 신뢰를 상실한다. 갈수록 목자의 설교는 당회의 교권을 정당화하기 위한 잠재의식에 포획되어 자기도 모르게 말씀을 왜곡하여 우화적으로 흘러가 영성을 잃어버린다. 무지의 교만이다. 교만은 위선적 행동중독에 빠지도록 몰고 간다. 설교를 듣는 신자들은 고통이 이만저만이 아니다. 또한 위선적인 종교지도자들의 비성경적인 행태를 보면서, 어떻게 그들의 단상 기도가 거룩과 경건으로 승화되겠는가? 결국 예배를 부패시키고, 신자의 영혼을 도둑질하는 삯꾼 목사와 당회직을 스스로 거룩하게 만드는 그들만의 리그에 빠진 직분 우상화로 교회 분란만 자초할 뿐이다. 이처럼 당회 중심의 막강한 교권 행사가 수단의 목표화에 앞장서서, 궁극에는 예배가 부패되고 신자들의 영혼을 멍들게 한다. 이것이 중세 로마교황청의 모습이다.

이 같은 수단의 목표화라는 〈교회의 관료제화〉의 병리에 사로잡힌 성직자와 당회는 몇 가지 특징을 드러낸다. 첫째, 목자는 단상에서 설교할 때, 영적 우월감에 사로잡혀 있고 말씀은 성경으로 하되, 예화를 들어 설명하는 것을 보면 세속가치에 기준을 둔 바리새인보다도 못한 사두개인 수준에 있고 둘째, 설교자의 입에서 직분의 호칭과 그들의 공로가 입에 달려 있고 셋째, 목자는 제도적 이기심에 포획되어, 개교회 신자의 영적 보살핌보다 외부 강연이나 출장에 분망하여, 했던 설교를 제목만 바꾸어 재탕·삼탕하고 교단 등 사회적 직책의 감투를 하나님의 은혜라고 자랑한다. 넷째, 당회는 신자들을 수단 삼아, 교회 차원에서 제도적 이기심의 성공을 위해 기도회에 열을 올리고, 하나님의 말씀을 빙자하여 신자들에게 짐 지우는 설교폭력이 비일비재하고 다섯째, 당회의 잘못된 정책 결정을 신자들에게 은근슬쩍 책임을 돌리고, 이를 정당화하기 위해 문제 제기한 무고한 신자를 무리 지어 예의 바르게 낙인찍는다. 여섯째, 목자가 신자들의 헌금을 뒤적이고 신자의 헌금액에 따라 공로를 과도하게 찬사하고, 나눔 헌금_{구제 등}이 전체 예산의 10% 미만이고 일곱째, 당회는 견고한 계층제 유지를 위해 조직을 일사불란하게 움직이고 개혁과 봉사직이란 이름으로 직분 선거제를 교묘히 이용하고 여덟째, 당회에서 자기 입맛대로 의사결정을 하고도 당회 회의 일지와 재정원장을 공개하지 않는다. 아홉째, 직분 귀속주의에 빠져 항존직들은 끼리끼리 계절마다 이곳

저곳 모임 놀이를 자랑삼아 공지하고, 저들끼리의 서열 위계 희유에 빠져 교회 관료제화를 부추기고 있고 열째, 거룩한 목적도 없이, 교회에 무분별한 행사 프로그램이 촘촘히 짜여 시대 유행에 민감하게 작동한다. 열한째, 심지어 예배와 회개도 형식화되어 있어, 반복적인 과오에도 불구하고 전 교인이 관행적 통성기도에 길들여져 스트레스를 푸는 동우회 모임같이 행동한다. 이 열한 가지 특징은, 주객이 전도된 비본질이 본질을 삼켜버린 수단의 목표와 형식주의의 모습이다. 참으로 안타까운 일은, 목자가 신자들의 직분 위계질서의 폐단이 현장에서 어떻게 작동되는지 모르거나 무관심하다는 것이다. 이는 목자가 자기중심적으로 교회 운영을 독점하고 있다는 증표이며, 그만큼 양들의 돌봄이 소홀하다고 볼 수 있다. 분명한 것은, 기독교는 세속적 타협의 종교가 아닌 고난의 종교라는 것이다.

② 훈련된 무능력과 관료적 독선주의

교회 관료제는 다른 관료제 조직과 마찬가지로 신학을 학습한 목사와 일정한 신앙훈련을 받은 장로들로 구성된 당회로 운영된다. 목사는 극히 한정된 분야의 전문성을 지니고 있을지는 몰라도, 전체적으로 사회현상을 바라보는 통합적 이해와 조정에 종종 무능을 드러낸다. 목자가 신앙공동체를 이끄는 지도자로 신학교에서 훈련을 받았지만, 오히려 타 사회 관료조직보다 '훈련된 무능trained incapacity'으로 관료적 독선주의에 빠지는 경향이 더 크다. 왜냐하면 성경을 이해하고 해석하는 데 있어서 교회주의와 교리적 도그마에 빠져 지적 창훈의 스펙트럼이 너무나 좁기 때문이다. 물론 성직자 모두가 그런 것은 아니지만, 다른 사회적 조직에 경험이 덜한 이유도 있고 신학이란 국한된 한 분야에 집중하다 보면 충분히 그럴만한 경우도 생긴다. 그렇다고 급속히 변화돼 가는 비성경적인 사회환경을 간과할 수는 없는 일이다. 복음 전도의 대상이 하나님을 영접하지 않은 사람들의 비중이 크기 때문에 더욱 그러하다. 이를 극복하기 위해서 성직자는 사회 다양한 분야의 전문 지식집단이 궁구한 세상 문제 파악에 대한 학습이 필요하다.

사회가 다양화 · 다변화할수록 신앙 본질에 위협을 가하는 요소들이 많으므로 더욱 요청된다. 왜냐하면 오늘날 복잡 다양화되고 다원화된 사회에서 수많은 사회문제들을 온전히 이해해야 복음적 치료가 가능하기 때문이다. 특히 기독교가 맞서야 할 현대적 사조인 다원주의를 경계해야 한다. 기독교는 성육신 · 속죄 · 부활의 유일성을 정체성으로 하기 때문이다. 여기서 훈련된 무능이란 오랫동안 신학을 학습했지만, 종교 교리적 도그마에 빠져 성경 말씀의 현실 적용에 있어서 취약하다는 것이다. 즉 설교가 신학에 머물고 성령의 손길로부터 이탈되어 있다. 성직자가 훈련된 무능으로 관료적 독선에 빠지면, 종교적 권력 지위를 매진하면서 영적 예배는 사라지고 신자들의 삶의 거룩함보다는 종교성에 열을 올리게 만든다. 당회도 종교성에 편승하여 목자의 교권에 타협하면서 외식주의자들이 되어 계층적 서열화에 거룩함을 덮어씌울 수 있다. 즉 계층이 올라갈수록 신앙심이 더 돈독하다는 것이다. 루터 종교개혁 당시 평민들은 제도권에서 교육을 받을 수 없어 대부분 글을 읽거나 쓸 줄 몰라, 라틴어 성경은 성직자들의 전유물이었다. 그들의 종교적 특권은 누구로부터도 견제를 받지 않았기 때문에, 교황청은 훈련된 무능력과 관료적 교권 독선주의로 온갖 횡포를 다 부렸다. 이를 간파한 루터는 신앙적 양심으로 시민들이 보는 앞에서 학생들과 함께 교황의 교서와 교회의 법전을 불살라버렸다. 예수님이 이 땅에 오셨을 때도 제사장과 서기관, 장로들이 훈련된 무능으로 교권만을 붙잡고 종교적 권위를 행사하고 있었다. 이를 거부하고 '만인제사장주의'의 도道를 연 것이 성경의 본질이다.

교권에 사로잡힌 대부분 교회는 담임목사 말이 법이 되고, 오로지 당회장의 권위에 순종하는 것이 신앙의 표본으로 만들고 있다. 목자들 간에도 당회장을 중심으로 서열화와 권위주의가 자리 잡고 있다. 하나님의 법法 위에 군림하는 사이비 종교 집단과 다를 바가 없다. 쉽게 말하면 성직자는 내적으로 교권으로 자신을 보신하고 외적으로 선교니, 집회니, 세미나니, 뭐니 하면서 온갖 명분을 만들어 자기가 하고 싶은 대로 세속의 놀음에 동분서주하고 다닌다. 그 안을 속속히 들여다보면 빈 깡통이다. 그런데 신자들은 다 알고도 침묵한다. 정작 모르는 사람은 훈련된 무능으로 잠자는 목자일 뿐이다. 참다 못하면 발길을 돌리고 다른 예배 방법을 선택한다. 그래서 신자들이, 목사는 소국의 왕과 같이 행동한다고 한다. 사실 성직자의 영적 묵상의 깊이가 설교를 좌우한다 해도 과언이 아닌데, 공부가 제대로 안 돼 있으니 철밥통 교권을 지키는 데 에너지를 쏟고 정년만 높이고 있다. 목자가 세속 습기에 젖어 분망하면 어찌 영과 혼을 쪼개는 설교가 나올 수 있겠는가? 설교 준비가 안 되니 설교 표절이나 하고, 했던 설교 재탕 삼탕하고, 전하는 메시지에 논리와 영성은 찾아볼 수 없고, 지식 기사처럼 누구나 할 수 있는 해설집을 보고 설교를 하다 보니, 설교 예화例話는 인본주의와 세속주의에 놀아나 말씀과 일치되지 않는 우화적 해석이 나올 수밖에 없다. 이와 함께 목자의 평소 언행이 불일치하니 신자들은 고통스럽고 짜증스러울 뿐이다. 이 때문에, 가나안 신자가 갈수록 늘어나고 개종을 하게 된다.

성직자의 훈련된 무능과 당회의 관료적 독선이 얼마나 신자의 영혼을 파괴하고 신앙의 순수함을 훼손하고, 예배를 혼잡하게 만드는지 차마 입으로 말하기가 부끄럽다. 말씀으로 깨어 있는 신자가 문제를 제기하면, 집단화된 직분 패거리들이 사탄이니 불평분자라니, 심지어 본인이 경험하지 않는 일을 남의 입으로 전해 듣고 세속적 언어로 참설讒說하고, 집단 뒷담화 하여 한 영혼을 질식시킨다. 예수께서 "유대인들을 향해, 말을 지어내는 사람은 자기를 좋게 보이려고 하지만, 자기를 보내신 분께 영광을 돌리려는 자는 사실을 있는 그대로 전할 뿐 진실을 조작하지 않는다"라고 했다. 관료적 독선주의에 빠진 교회는 대부분 당회의 몇몇 장로들이 당회장을 감싸고 전권을 행사한다. 바로 성직자의 훈련된 무능을 받쳐주는 것이 신앙적 무지에 젖어 있는 일부 당회원들이다. 이들도 철저히 관료화되어 있어 그들의 충성심은 거룩함과 유리된 세속적 절대 충성에 가깝다. 이들의 충성심은 하나님에 대한 순종으로 착각하면서 당회장 목사의 권위에 의존하고, 또한 자기들의 존엄성을 스스로 높이고 신자들의 존경 대상으로 둔갑시켜, 공중대표 기도 때마다 온갖 성경 말씀으로 치장하여 감성을 간구한다. 안타깝게도 바리새인 의로움에 묶인 모습을 보는 것 같다.

장로교의 순기능은 신앙에 건실한 장로들이 당회장의 전권을 촘촘히 살펴 교권의 폐단을 사전 예방하고, 신앙 공동체의 믿음 행위를 성숙시키는 데 있다. 그런데 당회가 관료적 독선에 빠져버리면 병리적 현상만 만연할 뿐이다. 실상 그들이 당회에서 결정하는 일을 보면 비밀주의와 독선주의에 갇혀 말씀을 망령되이 하고 있다. 당회를 스스로 감독하고 이끌어야 할 종교지도자들이 신자들을 백안시하고, 교회 관료제화에 경도되어 목자의 머슴 역할을 해서야 되겠는가? 본립도생本立道生이란 말이 있듯이, 근본이 바로 서면 도는 저절로 생겨난다. 말씀에 충실하면 훈련된 무능은 사라지고 종교적 독선은 무너진다. 난공불락의 여리고 성은 무장으로 무너진 것이 아니라 하나님의 말씀을 그대로 따라 했더니 무너졌다.

③ 변화에 대한 저항

관료제는 기본적으로 보수성을 갖게 되며 변화에 대한 저항하는 행태를 지니게 된다. 즉 정해진 법규와 원리에 충실한 조직체다. 주어진 업무에서 일정한 성과를 산출하는 데는 뛰어나지만, 폐쇄성과 경직성으로 창의적인 사고를 기대하기 어려운 한계를 갖고 있다. 크게 보면 조직화된 무책임의 특성을 보인다. 특히 조직 구성원들은 꿈을 꾸며 새로운 일을 찾아 적극적으로 미래지향적 가치 창출을 위해 모험을 무릅쓰고 도전하는 게 아니라, 현실적으로 상관의 지시한 일에 영합하는 현상 유지적 무사안일주의의 행태를 보인다. 오늘날 대규모 조직체인 교회들이 관료제화로 사고가 굳고 매너리즘에 빠져, 성을 쌓고 역동성과 야성을 상실한 부족 종교가 되어 가고 있다. 야성은 거친 광야에 섰을 때 보인다. 세상 통념의 반항아가 되었을 때 나타난다.

교회는 왜 변화에 대해 거부할까? 한마디로 교회 관료제화로 서열화된 계층제의 기득권을 유지하기 위함이다. 교회가 말씀에 사로잡혀 있지 않고, 직분이라는 직에 사로잡혀 있기 때문이다. 예수 탄생의 맥락적 상황은 이미 혁명적 변화를 예고했다. 주님이 왔을 때, 이 땅은 기득권의 세력에 억눌려 숨을 쉴 수 없을 만큼 절여 있었다. 당시 기득권 세력은 로마식민지 권력, 종교적 기득권층이라는 대제사장, 서기관, 장로, 바리새인들이었다. 당시 종교지도자들은 자신들의 기득권을 위협하는 예수를 죽이려고 따라다니며 종교적 질문을 통해 흠을 찾고 온갖 권모술수를 동원했다. 하지만 예수는 그들의 기득권이 얼마나 헛된 것인지 진리로 표적으로 보여주었지만, 그들은 보고도 듣고도 믿음의 문을 열지 않았다. 얼마나 그들의 기득권에 목숨을 걸었으면 진리가 손끝 가까이에 왔음에도 외면하고, 진리를 못 박아 버리고 싶었겠는가? 변화가 두려워 있는 자리에서 타협하며 안주하고자 할 때가 위기임을 그들은 몰랐을까? 예수는 그들에게 생명의 경고음을 수없이 보냈지만 마이동풍이었다. 행위의 의를 믿음의 행위로 바꾸라는 메시지에, 그들은 새 포도주를 담을 새 가죽 부대의 변화에 등을 돌렸다. 그런데 그들은 헌 부대를 고수하며 수천 번씩 거짓 최면을 걸어 진리를 항변하고 대중을 선동하고 공포 분위기를 조성했다. 말씀이 주는 의미의 확장을 스스로 무력화시키고 공격했다. 마치 중세에 천동설 패러다임을 주장하던 종교지도자들이 가톨릭 진영의 기득권 단결을 위해 갈릴레오 갈릴레이Galileo Galilei 의 지동설 패러다임을 인정하고 싶지 않았던 것과 마찬가지다. 그래서 교황청은 갈릴레오를 종교재판에 부쳐 유죄선고로 투옥하고 죽을 때까지 가택 연금을 했다. 그들은 종교적 기득권에 갇혀 있었기 때문에 변화를 거부했다. 루터가 항변한 교권주의가 바로 종교적 기득권에 대한 저항의 표상이라고 볼 수 있다. 교회가 자기 안

일에 빠지고 세속과 타협하고 말씀과 타협할 때 교회는 교회로서 사명과 빛을 잃어버린다. 끊임없이 자기를 부정하고 종교적 기득권에 저항할 때 하나님이 원하시는 빛의 사명을 감당할 수 있다.

예수께서 물로 포도주를 만들고, 유대 종교지도자들에게 성전을 헐라, 내가 사흘 만에 다시 짓겠다는 메시지가 주는 뜻이 무엇일까? 그들은 진정 몰랐을까. 주님은 신앙의 패러다임을 완전히 바꾸셨다. 그 혁명적 변화의 시작은 세 가지 시험의 통과와 산상수훈의 복의 개념이었다. 세 가지 시험의 대상은 종교적 기득권의 핵심이다. 물질과 권력과 명예의 우상이 아니었던가? 이 세 가지 시험의 통과는 성도에게 삶의 궁극적인 가치변화를 요청하고 있다. 마귀의 시험을 통과한 예수는 세상의 것과 세상의 방식이 하나님을 멀리하게 하는 증거임을 확증해 주었다. 즉 죄의 본성을 설명한다. 세상과 구별됨이 없는 인간의 탐욕을 지배하는 마귀의 적나라한 모습이 광야의 시험이었다. 이의 극복은 오직 세상과 구별되는 '거룩함'에 있다. 산상수훈의 복은 구체적인 삶의 근본 행동 방식의 변화이며, 세속 기복의 우상에 저항하고 갈아엎는 영적 메시지다. 이 세 가지 시험 통과와 산상수훈의 역설적 진리는 그리스도인의 이정표이며 나침판이다. 이 같은 영적 제련과정을 거치지 않는 종교적 불순물을 향해 예수님은 가혹하게 힐책했다. 그 질책의 뿌리는 무엇이겠는가? 바로 세속의 탐욕을 고수하려는 당시 종교지도자들의 교리적 기득권을 내려놓지 않으면, 진리의 영을 수용할 수 없음을 경고한 것이다. 바로 새 포도주를 담을 새 부대를 요청함은 변화에 대한 저항을 깨부수라는 것이다. 진리 앞에서 율법으로 제도화되고 관습화된 기성품을 해체하라는 것이다. 이제 "너희는 이 세대를 본받지 말고 오직 마음을 새롭게 함으로 변화를 받아 하나님의 선하시고 기뻐하시는 온전한 뜻이 무엇인지를 분별하라"라는 것이다룸 12:2.

예수는 "회개하라 하나님 나라가 가까이 왔다the kingdom of heaven is at hand." 즉 진리가 '손끝 가까이 왔다'라는 긴급한 혁명적 변화의 요청을 던져주었지만, 이들은 세속의 자기 우상을 놓고 싶지 않았다. 그들은 돌아서지 않고 그리스도와의 연합을 거부하고 자기들의 고집을 꺾지 않았다. 루터 당시 교황청의 기득권 세력들은 변화를 거부하고 종교재판을 통해서 공개적으로 루터를 파문했다. 루터의 「95개조 논제」는 교권에 대한 목숨 건 야성이다. 그들만의 법전은 그들의 기득권을 지키는 우상 문서에 불과하다는 것을 루터는 간파했다. 그는 그들의 권력을 지탱해 주는 전유물인 제사장직에 정면 도전장을 내밀면서, 교권에 제도화된 사제주의의 거짓과 위선을 가차 없이 폭로했다. 루터의 거칠고 힘찬 저항의 야성은 새벽 여명을 뚫고 프로테스탄트라는 개신교의 문을 활짝 열었다. 예수는 "세상이 나를 대적하는 것은 내가 세상의 겉모습 뒤에 감춰진 악을 폭로하기 때문"이라고 말했다. 오늘날 한국 개신교의 운영을 찬찬히 속속 들여다보면, 교권과 직분의 굴레에 신앙의 자유 함을 얻지 못하고 변화 대응 능력의 칼날이 무디어지고 믿음의 야성을 잃어가고 있다. 이런 종교적 문화에서 가장 문제 되는 것은 예배의 본질을 훼손하고, 그리스도의 인격 형성과 순종의 삶을 바로 세우는 일을 방해하고 하나님과의 친밀한 사귐의 길을 훼방 놓는다는 점이다.

④ 끊임없는 영역의 확장성

교회의 신자 수가 점점 증가하면서, 그 수요에 대응하기 위해 더 큰 교회 건축과 분립개척을 시도한다. 스스로 몸집 불리기식 성장을 추구한다. 당연히 있을 수 있는 것처럼 보이지만, 속 내막을 주목해 보아야 한다. 교회 건물은 예배를 위한 신앙 공동체의 공간이다. 건물은 예배를 위한 필요조건이지 신자들의 신앙 성숙에 충분조건은 될 수 없다. 가령 성공한 국가는 행복한 나라의 필요조건이지 행복 조건은 못 된다. 대한민국이 근대화를 통해 3만 달러가 넘는 성공한 국가로 보이지만 위기의 국민을 직면하고 있는 것이 현실이다. 한국의 행복 지수는 OECD 38개국 중에서 32위로 최하위권에 머물고 있고, 자살률이 수년간 1위를 차지하고 있다는 것이 이를 방증하고 있다. 그렇다면 왜 그럴까? 여러 요인이 있겠지만, 핵심은 국가든 교회든 개인이든 성장 과정에서 위법 부당한 시스템이 작동했기 때문이다. 이 같은 사회환경에서는 합법적인 절차와 도덕적 토대 위에 부를 형성한 청부淸富는 없고 졸부만 득실거리는 세상이 되어 버렸다. 이런 사회에서는, 비정상적인 권력과 부와 명예가 국가의 공공질서를 훼손하고 갈등을 조장하고 공익을 어지럽힌다. 이렇다 보니 국가와 사회는 온통 경쟁만 치열하고 나 혼자 잘되기 위해 온갖 수단과 편법을 동원하고, 남을 짓밟고 목표를 성취하고자 한다. 이에 낙오가 되면 극단적인 선택으로 무정한 사회가 되어 버린다.

교회로 말할 것 같으면 청부는 참된 신자요, 졸부는 교권에 묶인 삯꾼 목사와 종교인들이다. 졸부가 선택하는 대부분의 교회 정책은 종교적 확장성 신념 위에 신앙적 정당성을 부여한다. 전형적인 주객전도다. 헌신이라는 이름으로 미화하고, 보기에 거창함과 열정은 대단한데 성령의 열매는 없다. 풍요 속의 빈곤이다. 로마교황청은 성베드로 성당 건축에 필요한 재정을 충당하기 위해 완전 면벌부를 공고했고, 8년간 교회가 돈을 받고 공식적으로 팔았다. 그 수입의 절반은 빚을 갚는 데 썼고 나머지 절반은 교황에게 돌아갔다. 당시 성당 건물이 주는 상징은 교황의 권위였다. 건물의 크기는 교권의 크기와 꼭 비례한다고는 할 수 없다. 그러나 물량의 크기를 자랑하는 종교문화에서 교회의 크기는 신자 수와 비례하고, 신자 수가 많다는 것은 목회의 성공을 가늠하는 잣대라는 점이다. 성베드로 성당이 주는 종교적 메시지는 표면상 베드로에 초점을 맞추고 있다. 열두 제자 중 으뜸 제자라 할 수 있는 베드로는 천국열쇠를 상징한다. 베드로 성당은 상공에서 보면 천국열쇠를 형상화한 건물의 앉음새를 갖고 있다. 성베드로 성당 건축의 문제는 성전건축 자체의 의미보다는 건축의 정치적 동기와 동원된 수단이 세상 것과 세속 방식을 추구하고 있다는 점이다. 청부의 방식이 아닌 졸부의 방식이다. 즉 하나님이 일하시는 방식이 아니라 육의 방식이라는 점이다. 성베드로 성당이 천국의 문을 상징하고, 이곳을 성역화하는 작업이 교권의 권위를 세울 수 있는 유일한 선택이었을 것이다.

당시 성당의 크기로 보아 교권의 크기를 가늠할 수 있다. 이 교권의 권위를 세우기 위해, 건축에 투입된 인적 · 물적 희생의 비용은 얼마나 큰지 상상을 초월한다. 또한 이 비용을 추출하기 위해 면벌부는 얼마나 팔아야 할지, 세속과 말씀과 타협하는 행태는 차마 눈을 뜨고 보기 어려울 지경이었다. 이를 고통의 속량으로 미화하고 정당화했을 것이다. 비단 성베드로 성당만을 지칭할 수 없을 정도로 유럽 도시 곳곳마다 화려한 교회가 우뚝우뚝 세워졌다. 끊임없이 영역 확장을 꾀하는 제국건설과 별반 다르지 않다. 교권의 바벨탑은 끝없이 팽창하면서 그 권위의 교만함은 하늘을 찔렀다. 오늘날 그 성당들이 제구실하고 있는가를 반문해 보면, 루터의 종교개혁이 떠오를 것이다. 아! 왜, 종교개혁이 일어났고, 하나님이 루터를 통해서 하시고자 하는 일이었는가를 깨닫게 될 것이다. 그 깨달음이 은혜다. 루터의 종교개혁은 성당 건물 자체에 있는 것이 아니라, 교권의 권위를 자랑하며 세속 질서로 하나님의 창조 질서인 생명과 지속성을 어지럽히는 성직자를 정조준하고 있었다. 성베드로 성당은 천국열쇠로 상징하는 신앙의 가면을 씌우고 교권의 제국건설을 도모하고 있었다.

오늘날 한국 교회는 어떤가? 교회 관료제화는 교권의 상징인 교회 건축과 부속기관의 팽창에서 출발한다. 이는 헌금과 직결되어 있다. 문제는 교회 건축을 위해 금융기관으로부터 대출을 받고 그 빚을 갚기 위하여 작정 헌금을 종이에 써서 제출한다. 심지어 당회장 목사가 먼저 예배 시간에 작정 헌금을 선포하기도 한다. 그 헌금 액수를 보고 직분에 따라 알아서 하라는 것이다. 쉽게 말하면 목사의 작정 헌금액은 신자들 헌금액의 가이드라인 역할을 한다. 매주 공중 대표자의 기도는 교회 건축을 위해 단골 메뉴가 되고, 집단 통성기도의 중심을 이루니 안타깝기 짝이 없다. 이 헛된 세월도 모자라서 건축헌금이 부족하면 당회에서 직분자 선출을 유도한다. 장로·안수집사·권사 등 교회 권위의 상징이 될 만한 위치에 있는 항존직을 선출한다. 항존직 선출의 조건에 십일조 헌금과 교회 헌신을 위한 여타 조항이 있고 이에 서명해야만 후보에 오를 수 있다는 것을 앞에서 소상히 밝혔다. 이에 선출된 항존직은 더 많은 헌금의 무게가 지워진다. 그래야만 빨리 빚을 갚고 건축을 할 수 있기 때문이다. 교회 건축을 위해 금융기관으로부터 대출을 받는 일도 허다하다. 그 자체가 이미 교회의 본질을 넘어선 행태다. 또 그 빚을 갚기 위해 온갖 종교 행위를 이용하는 것이 얼마나 성경적으로 불경한 일인가? 이것은 하나님에 대한 무례이고 불손이다. 헌금은 믿음의 행위가 아니라 직분의 행위가 되어 버리기에, 종국에는 서열이 되어 직위 권위의 힘이 되어 버린다. 현대판 면벌부를 연상케 한다. 이런 방식으로 교회가 점점 확장되면서 다양한 사업을 벌이고 부동산이 늘어나고 적립금이 쌓이고, 이를 유지하기 위하여 세속과 다름없는 관리가 이루어질 수밖에 없다. 종국에는 감당할 수 없을 정도로 무거운 짐으로 다가온다. 교회 운영에 어떤 일이라도 짐으로 다가오면 하나님의 은혜와는 점점 멀어질 수밖에 없다. 교회는 갈수록 세속의 기술만 쥐어 짜내는 지식기술의 우상에 포획되고 만다. 사탄은 늘 질보다는 양에 손을 뻗치고 좁은 문보다는 넓은 문을 선호한다. 솔직히 한국 교회의 이런 모습을 부인할 신자가 있는가? 교회를 건축하지 말라는 것이 아니다. 믿음의 행위로 은혜롭게, 짐이 아니라 섭리의 순리에 따라 검소하게 그리스도의 정체성을 세우라는 것이다.

이처럼 교회의 외상外象이 커지고 분립개척 교회가 늘어나면 교회가 순식간에 관료제화되어 당회장의 교권이 보이지 않게 날로 확장되고, 당회는 덩달아 권위적으로 되어간다. 목자는 이처럼 커진 교회를 뿌리치고 싶지 않은 것이 인지상정일 것이다. 그러다 보니 당회는 종교적 세습을 서슴없이 정당화하고, 정년을 연장하고, 또한 비판자를 낙인찍어 쫓아내고, 결국 교회는 분란에 휩싸여 법정투쟁까지 벌인다. 교회가 세상 법정 앞에 서는 정도가 되면, 하나님의 공의는 무너진 것과 다름없다. 결국 교회가 빛과 소금의 역할을 잃어 사회로부터 지탄받고 외면당한다. 예수님의 성전 청소를 기억해 보라. 예수 그리스도 이후의 성전은 그리스도인의 몸으로 상징되었다. 신자, 네 안에 성전이 있다고 했다. 당시 대제사장과 장로들이 거대한 성전을 장사의 소굴로 방치했다. 예수는 이를 종말의 때라고 일컬었고, 당시 그들이 갖고 있던 성전의 개념을 헐어버리시겠다고 했다. 그리스도인이 자신의 몸인 성전이 마귀에게 침범당하지 않는 것이 거룩함, 즉 성전의 개념이 아닌가? 신앙공동체는 생명 샘이 솟아나는 거룩한 성전들의 집합소이다. 근데 오늘날 이 성전이 또다시 중세시대의 종교 기득권 세력들이 이용하는 공간적 장소로 화려하게 치장된다면, 분명 세상에 밟히고 외면당할 것임에 의심이 없다. 물론 세속적·물질적 팽창주의가 아닌, 삶의 절망과 질고를 지고 고통으로 방황하는 이웃을 위해, 꼭 필요한 공간과 양식을 제공하는 복음주의로의 자연 확장은 필요하다.

아무튼 종교 행위는 아무리 선의에서 나온 것이라 해도 하나님께서 우리를 위해 행하는 뜻을 가로막을 수 있다. 따라서 매우 매우 매우 신중 신중하게 접근되어야 한다. 이로 인한 왜곡적 파급효과가 너무 크기 때문이다. 히브리서 서신에서도 잘 나타내 주고 있다. 뭔가 잘해 보려고 애쓰는 과정에서 예수님의 순수함과 단순함을 선명하게 드러내기보다는 오히려 더 혼탁하게 할 뿐이다. 종교 체험이 내적인 행동인 데 반해, 종교 행위는 외적으로 뻗어가는 행동이다. 그러므로 목자는 영적 민감성이 떨어지고 믿음의 행위보다는 종교 행위에 습관적으로 골몰하고 신앙과 타협하게 된다.

하나님은 왜 바벨탑을 무너뜨린 것인지, 그 뜻을 늘 반추해 보아야 할 것이다. 오늘날 면벌부는 과연 무엇인가? 반문해 보아야 한다. 눈에 보이도록 면벌부라도 팔아야 면죄부 팔이인가? 끊임없는 영역 확장을 위해 수많은 변종 면벌부가 난무하고 있음을 목도하고 있다. 인간 방식으로 하나님을 사랑하고 자기 방식으로 하나님을 사랑하려 해서는 안 된다고 성경은 말한다. 당시 로마교황청은 성전을 건축하는 데 돈을 거두는 것이 뭐가 큰 문제냐고 항변할지 모르지만, 성전 건축 자체의 문제라기보다는 불순한 동기와 동원된 수단의 과정이 세속화되어 다양한 모습으로 타락의 길을 걷고 있었다는 점이다. 오늘날 외국의 수많은 성당을 보라. 종교적 제국 건설이 관광자원이 되었을지는 몰라도 주님이 오시면 분명 그곳에서 임재하지 않을 것이다.

오늘날 한국 개신교회의 수직 성장에 따른 교회 관료제화로 나타난 팽창주의는 교세를 자랑하고 각 교단의 자부심으로 자리매김할지는 모르지만, 고난의 속량과는 거리가 멀어 보인다. 왜, 오늘날 목자는 화려한 건물 안에서 둥지를 틀어야 하는가. 화려한 성전 건축이, 교권의 상징이 되었어야 되겠는가? 건축에 사치를 입혀서는 안 된다. 수고한 짐을 내려놓기 위해 성전을 찾아온 신자들이, 왜 종교적 영역 확장에 희생이 되어야 하고, 교리의 억압에 짓눌려 믿음의 자유를 스스로 묶게 하는가. 로마교황청은 왜 가짜 구원을 위해 온갖 선행을 쌓도록 신자들에게 거액으로 면벌부를 사도록 위선을 떨어야만 했던가. 그 모습의 티끌이라도 상상해서는 안 된다. 교권을 지탱하기 위해 신자들이 끊임없는 영역 확장과 관료제화에 정신의 고통 끈을 묶어야 하는가. 신앙적 지성과 야성이 교권에 묶여서 성전이 훼손되고 허물어지면 되겠는가? 관료제화된 건물 안에서, 제도화된 직분 시스템 안에서, 믿음의 정당화를 외치는 종교적 행위에 거룩함이 무너지고 있어 안타깝다. 거룩함을 볼 수 없는 제도적 질서에 속박되어 자신의 위선을 포장하고 집단적 허위의식에서 깨어나지 못하는 무지한 믿음이 얼마나 위험한지 모르는가?

한국 개신교의 영적 공동체 안에 침투한 위험하고 치명적인 종교 행위의 바이러스는 오랫동안 발견되지 않는 채 잠복해 거룩함의 면역력을 파괴하고 있다. 이제 성도의 관심과 주제는 관료화로 옷을 입은 물질이 아니라, 오직 하나님께로 향하는 목표에 집중되어야 한다. 이 같은 문제의 심각성을 깨닫고 몇몇 한국 개신교가 공공장소를 빌려 목회를 하는 목자들이 간혹 눈에 띈다. 소망을 주고 있다. 분명 주님의 메시지를 몸소 실천하려는 신앙적 자세임이 틀림없다. 요한계시록에서 일곱 교회를 향해 던져진 메시지를 상기하면, 처음 사랑을 회복하라는 청천

벽력 같은 소리에 귀 기울여야 한다. 이제 한국 개신교는 "너의 귀는 지금 깨어 있는가, 귀 기울여 들어라. 바람 불어오는 그 말씀이 교회들 가운데 불어오는 그 성령에 귀를 기울이라"계 2:29; 3:22 라는 메시지에 마음을 집중해야 한다.

3. 한국 개신교 관료제화의 극복 방안

필자는 한국 개신교의 근본 위기는 〈교회의 관료제화〉로 진단했다. 이의 극복 방안을 짚어보기로 한다. 우선 한국 개신교의 관료제화의 근본 뿌리가 어디에서 출발했는지를 이해해야 답을 찾을 수 있다. 이에 대한 문제 제기는 앞에서 충분히 되었고, 그 문제의 핵심은 '당회의 교권주의'였다. 이 교권주의를 지탱하는 것이 관료제화된 직분 시스템이다. 이 시스템은 직분의 관료화로부터 출발한다. 이 같은 논리에서 교회는 관료제화된 병리 현상이 예배의 부패로 귀결된다. 결국 교권주의에 뿌리를 둔 교회 관료제화 시스템 그리고 직분의 관료화는 한 몸이 되어 교회를 위기에 몰아넣고 있다.

한국 개신교의 관료제화의 정점에는 담임목사가 있고, 담임목사의 교권을 둘러싸고 있는 당회가 있다. 오늘날 한국 개신교의 당회는 교권주의의 징표다. 이 교권주의는 성경의 우화적 해석과 번영신학이 맞물려 돌아간다. 성경의 권위회복은 교권주의에서 이신칭의以信稱義의 복음주의로 돌아갈 때 완성된다. 506년 전, 마르틴 루터의 종교개혁 시작점이 교권주의의 폐단이었다. 구시대의 불편한 종교적 유물로 폐기된 것이 21세기 한국 개신교에 깊이 숨어서 극성을 부리고 있다. 이것은 불편한 진실이다. 개신교의 탄생이 '프로테스탄트'로 상징화된 마당에, 한국 개신교는 미래로 가는 것이 아니라 과거로 역주행하고 있다.

> * 프로테스탄트(protestant)라는 말은 프로테스트에서 기원했는데, 이 말은 1529년 2월 21일에 열린 독일 슈파이어(spyer) 제국의회에서 루터계 제후(諸侯)와 도시들이 황제 카를 5세 등 로마가톨릭 세력의 억압에 항거한 데서 유래되었다.

교권을 둘러싸고 있는 이 비신앙적 제도와 관행이 하나님의 말씀을 굴절시키고 성전의 자리에 버젓이 앉아 있다. 교만과 우상의 극치다. 바로 이 제도와 관행으로 조직된 한국적 교회 교권주의가 '한국 개신교의 관료제화'라는 괴물 덩어리가 되어 있다. 더욱 비참한 것은 교권주의를 지탱하게 하는 시스템의 작동 바탕에는 교회 직분 제도가 충성하고 있다. 교권주의의 극복이 '이신칭의'의 복음주의로의 회복인데, 이는 당회의 하나님에 대한 근본 태도의 변화에서 찾아야 한다. 아브라함이 아들 이삭을 번제 제물로 밧줄로 묶고 칼을 빼 들었을 때, 여호와 하나님께 믿음의 행위를 의심하지 말게 해 달라는 간구함이 숨어 있었다. 이는 순전히 생명이신 하나님과의 인격적인 관계 형성에서만 성취될 수 있다. 하나님과의 인격적 교직은 하나님의 신실함을 경외하는 태도이다. 다시 말하면, 내 생각이 아니라 하나님의 일하는 방식에 대한 신뢰이다. 신약 누가복음 1장, 가브리엘 천사가 사가라에게 나타나 아들 세례요한의 탄생을 알렸을 때, 그는 천사에게 "그 말씀을 믿으라는 말입니까. 나는 늙은 사람이고 내 아내도 늙었습니다. 이 상황에서 천사 가브리엘은 네가 내 말을 믿지 않으니, 네 아들이 태어나는 날까지 너는 말을 하지 못할 것이라고 했고, 요한이 태어난 후 입이 열리고 혀가 풀렸다"눅 1:18-20. 믿음은 내 방식이 아니라 하나님의 방식에 따르는 경외함의 태도에 있다.

이 경외함의 태도는 하나님의 창조 질서에 대한 순종이고, 그 질서가 신자들에게도 표현되어야 한다. 성경의 표현대로라면 '만인제사장주의'다. 이는 '교권주의'와 대척점에 서 있다. 마루틴 루터는, 당시 사제주의로 부패된 로마교황청이 교권주의를 정당화하고, 신자들의 존엄성을 깔아뭉개고 믿음의 자유를 강탈하는 행태를 서슴없이 폭로했다. 당시 사제들의 신앙 행위의 태도는 경외함과는 너무나 거리가 멀었다. 그들은 종교적 권위를 내세워 직위 권력을 남용하고 세속과 타협을 통해 예배를 왜곡했다. 오늘날 한국 개신교는 당회라는 종교적 지위 권력으로 하나님의 창조 질서에 도전하고 있는 경우가 허다하다. 교회의 안정성을 명분 삼아, 절대적 옳음보다는 상대적 인간의 방식으로 당무가 처리되고 있음이 비일비재하다. 이로부터 자유로운 개교회가 얼마나 될까? 개척교회의 당회장일수록 교권주의가 더 강하고, 위임목사일 경우는 교권을 위해 서로 담합談合한다. 정상적으로 신학을 공부한 목자라면 당회 결정의 시비是非는 분명히 판단할 수 있다고 본다. 문제는 알지만 자기 이기적으로 타협한다. 잘못된 당회의 결정에 문제를 제기하면, 당회장은 직무를 유기하고 장로들에게 위임했다고 발뺌한다. 부목사들은 당회장의 눈치, 장로들의 눈치로 직을 유지해야 할 형편이니 삯꾼 목자로 바지저고리로 남는다.

오늘날 한국 개신교회의 당회는 한계에 봉착하여 긍정적인 부문보다는 병리적인 요인이 훨씬 크기 때문에 대수술이 필요하다. 그나마 당회가 바로 선 교회는 관료제화의 한계를 다소 극복하고 있지만, 그 시스템 자체가 품고 있는 한계로 건강하게 지속되리라는 보장이 없다. 그동안 당회를 정점으로 관료제화된 시스템이 교회의 양적 성장 시기에 있어서는 어느 정도 역할을 한 것은 부인할 수 없다. 그러나 질적 발전에는 한계점에 도달해 있다. 시대적 소명이 새 포도주를 담을 새로운 패러다임을 부르고 있다. 왜냐하면 제도의 병리적 현상이 감당할 수 없을 정도로 만연하고 기독교의 정체성을 위협하기 때문이다. 이제 교권과 종교적 제도로 멍든 한국 개신교회는 프로테스탄트의 기능을 회복할 때라고 본다. 사실, 근본이 잘못되었는데도 엉뚱한 곳에서 답을 찾으려고 하니, 말씀은 우화적으로 해석되고 기도는 율법주의로 빠지고, 모든 책임을 신자들에게 전가하는 희한한 모습을 드러낸다. 이러다 보니 목양의 본질은 맛을 잃어가고 사회로부터 지탄받아 밟히고 있다. '믿음의 행위'오직 믿음으로 구원에 이르고 의인으로 칭함을 받고, 이 믿음의 토대 위에 거룩한 행위가 따라야 한다는 뜻. 즉 칭의와 성화가 분리될 수 없는 단일한 은혜의 전일체는 지식적 접근으로 가능한 것이 아니라, 성령의 도움에 의한 지혜로 성취된다. 즉 성령의 도움으로 선악의 판단 능력 위에 믿음의 행위가 있어야 목양의 본질에 접근할 수 있음을 성경은 말한다. 근데 당회원들의 당무 결정 과정과 결과물을 보면, 철저한 교권의 권위적 우상에 묶여 진리에 대한 고뇌의 책무성을 얼마나 경홀히 여기는지를 직감할 수 있다. 당회의 결정이 세상의 상식을 이탈했는데도 세상 법과 교회 법은 다르다고 궤변을 늘어놓는다. 이것이 수단이 목표화된 관료제의 전형이며, 종교적 도그마로 인한 편견과 독선주의에서 오는 병리 현상이다.

그리고 신자들의 뜻은 허공에 맴돌고, 당회의 결정이니 무조건 순종하라는 것이다. 이 같은 교권의 관료화가 신자들에게 잘못된 안전을 심어주고, 아브라함의 믿음의 순종이 창졸간에 불순종의 믿음으로 왜곡돼 버린다. 하나님이 일하시는 방법을 주목하는 믿음의 창이 닫혀 있다. 이 빗장을 여는 방법은 간단하다. 직위 권력의 탐욕을 거두고, 어린아이와 같은 순수한 마음으로 다가가면 된다. 세상눈은 현실만 보이지, 현실 이면에 숨어 작동하는 심원한 영의 눈은 잘 보이지 않는 법이다. 예수는 눈먼 사람이 눈먼 사람을 인도하면, 둘 다 구덩이에 빠지는 법이라고 했다. 생명으로 이끌지 못하는 어떤 당회의 의지나 결정도 정당화될 수 없다. 당회란 이름으로 집단화된 결정이 하나님의 은총인 양 착각하고 자기합리화하는 편집증에 걸린 당회원도 많다. 믿음의 자원이 고갈된 황무지와 같다. 개개의 관료적 권위보다 종교적 집단의 관료화는 엄청난 악을 선동하고, 종교적 세속 포퓰리즘을 끊임없이 생산해 낸다.

최근 목회데이터연구소가 코로나19 이후 청년들이 교회를 떠나는 수가 날로 증가하는 추세에 있다는 것이다. 그 조사에 따르면 2022년 기준 개신교 청년 10명 가운데 4명은 교회에 출석하지 않는 것으로 나타났다. 2017년 기준, 28%에 비해 크게 증가한 수치다. 그 몇 가지 이유 중에서, 교회공동체의 직분 제도로 인한 서열화와 위계적 질서가 문제로 나타났다. 무엇을 의미할까? 청년의 참여가 배제된 위계질서에서 믿음의 자유가 작동되지 않는다는 것이다. 좀 심하게 말하면, 한국 개신교가 지금까지 지탱해 온 교회 직분 시스템이 신라의 골품제도나 힌두교의 카스트 제도와 유사한 성격으로 변용되어 가고 있다는 것이다. 교회의 주인인 주님은 보이지 않고 계급화·서열화·권력화된 당회 교권만 보이는 것은 성경적 교회가 아니다. 예수님이 이 땅에 오셨을 때, 사역의 출발점에서 십자가에 못 박히는 순간까지 주님의 일에 방해 공작을 펴고 그들의 종교적 기득권에 목숨 바친 자들은 누구였는가? 바로 대제사장, 율법 학자, 서기관들과 장로들이었다. 그들이 남긴 부패물이 로마에서 기독교란 이름으로 국교화되고, 중세 천년을 종교의 교권으로 권세를 부리다가 루터의 종교개혁으로 산산이 부서졌다.

　종교개혁의 거룩한 피를 수혈한 것이 프로테스탄트이다. 프로테스탄트는 예수의 희생과 피로 건축한 구원의 종교다. 그런데 이 구원의 건축물을 허무는 것이 교회의 관료제화다. 관료제화가 깊어질수록 교회는 영적으로 빈곤한 거지가 된다. 담임목사의 교권을 둘러싸고 있는 집단화된 당회가 한국 개신교의 관료제화에 최전선에 서 있다. 이를 개혁하지 않고서는 한국 개신교의 위기 극복은 연목구어에 불과하다. 제2의 종교개혁이 시작되어야 함을 하나님께서 이 땅에 기회를 던져주고 있다. 이 기회를 은혜의 선물로 승화시키는 것이 한국 개신교의 소명이다. 이제 이 기회의 고난을 피해 달아나지 말고 오히려 고난을 끌어안아야 하나님이 어떻게 일하시는지 알 수 있다. 한국 개신교는 어떻게 구원의 의미를 확장시킬지? 깊은 말씀 묵상과 몸부림의 고뇌와 경건한 저항이 필요할 때다. 마치 루터가 수도원에서 몸부림치는 시험의 고뇌를 했던 것처럼 산통을 통과해야 한다. 그 산통의 시작과 끝이 뼛속같이 교권화되어 있는 한국 개신교의 관료제화를 제로 베이스zero base에서 재설계될 때, 사도행전 2장에 보인 기독교의 DNA인 초대 교회의 원형을 갖출 수 있다. 이 같은 본디 모습의 신앙공동체로 발전하기 위한 몇 가지 제도적 방안을 조심스럽게 제안한다.

○ 제도적 개혁

첫째, 현재 한국 개신교의 관료제화를 떠받치고 있는 직분 체계의 수직적 피라미드 위계 조직을 수평적 원탁 조직flat round organization으로 바꾸어야 한다. 일명, 트리tree 사고 체계에서 거버넌스 네트워크 체계로의 전환이 필요하다. 한마디로 과거의 수직적 서열에 따른 계급적 직분을 없앤다. 기존의 서리 집사, 권사, 안수집사, 장로시무장로, 명예 장로, 은퇴 장로 등등 등의 직분이 해체된다. 재설계의 수평적 원탁 테이블 조직은 계층이 아닌 평등적 지위에서 성직자목자와 신자집사의 상호 협력적 봉사모형이다[수평적 원탁조직, 그림참조]. 이는 그리스도를 경외함으로 피차 복종하는 관계 모형이다. 신앙공동체가 집중해야 할 곳은 하나님과의 신실한 인격적 교제에 합한 조직이다. 복잡한 조직과 직위가 많을수록 수단의 목표화라는 병리 현상이 일어날 개연성이 매우 크다. 특히 종교조직은 담박하고 단순할수록 목표에 훨씬 가깝게 접근할 수 있다. 대부분의 이단 사교 집단들이 피라미드식 조직과 다단계를 선호한다. 그리고 성경에서도 하나님과 인간의 관계는 창조주와 피조물로서의 수직적 관계로, 인간과 인간의 관계는 하나님 앞에서 수평적 평등 관계로 분명히 정리되어 있다. 다만 교회의 효율적 운영을 위해 만들어진 조직은 긍정적 기능보다 병리적 기능이 만연하면 언제든지 새로운 조직 설계가 필요하다. 그 시스템은 성경 내용에 충실하면 된다.

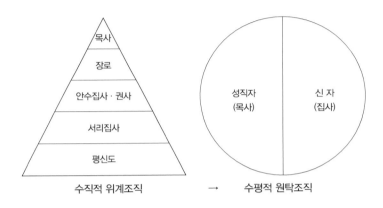

둘째, 기존의 수직적 관료제화된 직분 시스템이 새로운 수평적 원탁 시스템으로 전환되면 장로와 목사들로 구성되는 기존 '당회'라는 조직은 당연히 없어진다. 대신 가칭「목양위원회」다른 부합한 명칭도 가능함. 가령 교회운영위원회 등를 구성하여, 기존 당회에서 처리하던 당무를 여기서 하면 된다. 그리고 대예배 공중대표의 기도는 성직자들이 인도한다. 성직자와 신자는 각자 본연의 역할에 충실하고 수평적·협력적 네트워크 시스템에서 공동체 선을 이룬다. 목양위원회의가칭 구성은 '목자'와 '집사'로 구성한다. 이 위원회는 목자담임목사·부목사 등는 당연직으로 하고, 집사는 연령대별로 남녀성비를 두고 구성하되, 기관별 대표성을 가진 신실한 집사들이 봉사한다. 봉사 기간은 3~5년씩 개

교회 상황에 따라 탄력적으로 한다. 교회 직의 호칭은 목사와 집사만 있고, 다른 어떤 직분도 존재하지 않는다. 다만 성직 공부 과정에 있거나, 교회 특정한 업무 수행을 위해 신학을 공부한 전도사 등은 둘 수 있다. 현재 서구 교회에서는 장로직은 임기제를 갖고, 구성원도 청년부터 노년까지 남녀들이 집사_{봉사직}로 참여하는 임시직_{위원회 위원직}이다. 그러니 굳이 특별한 직분을 갖기 위해 '행위의 의'를 불태울 필요도 없고, 직에 붙잡혀 봉사하려는 사람도 없다. 그렇다 보니 교권이나 직위 권력으로 교회 문제가 발생하지 않는다. 무엇보다도 위원회로 운영되면 이해관계가 사라지므로 교회가 투명하게 운영되고, 목자의 잘못된 길을 견제할 수 있는 공의로운 정책이 도출될 수 있다. 또한 순전히 신실한 마음으로 각자 자유롭게 자기 믿음의 분량에 따라 소명 의식을 갖고 봉사할 뿐이다.

　필자는 신앙생활에서 직분에 따라 달리 대우한 적도 없고 의미도 두지 않았다. 근데, 신자들 사이에 구별된 직분 서열의 우상을 보고 깜짝 놀란 적이 많았다. 심지어 우연히 과거 다니던 교회의 신자들을 만나서, 기뻐 반가워서 이야기하다 보면 직분의 질문을 가장 많이 받는다. 또한 비신자들도 교회 직분에 대해 의외로 관심이 많고 묻기도 하고 비판적이기도 하다. 어떤 의도로 묻든 얼마나 교회에서 직분을 중시했으면, 직분이 신앙의 잣대가 되어 버린 모습에 서글퍼진다. 그때마다 마음속으로 한국 개신교의 우상은 바로 이것이구나. 하나님의 아가페가 직분 신앙으로 타락된 모습을 보고 참괴함이 들었다. 한국의 개신교가 얼마나 비성경적 모습으로 서열화된 관료제 시스템에 따라 작동되고 있는가를 방증하는 것이다. 506년 전 종교개혁으로 사라진 교황청제국이 지금 한국 개신교를 엄습하고 있음을 지울 수 없었다. 이 마음의 우상을 걷어내지 않고는 교회의 관료제화가 무너질 수 없고, 주님 앞에 바로 설 수 없음을 뼈저리게 느꼈다. 중세 교회가 당시 무지한 신자를 상대로 성직자만의 교권의 횡포였다면, 지금 한국 개신교의 교권은 크게 보면 성직자 상호 간, 성직자와 신자, 또한 신자 상호 간의 직분 서열 계층제에 따른 문제로 삼중적 병리 현상을 안고 있다. 그러기에 직분 제도에 의해 조직화된 수직적 관료제 시스템이 수평적 원탁 시스템으로 바뀌어야 하는 당위성이 여기에 있다.

시스템의 개혁이 있을 때, 성경의 만인제사장주의의 본질이 구현될 수 있다. 이 수직적 관료제 시스템을 안고 있는 한, 교권으로 인한 초대 교회의 모습을 회복하는 데는 한계가 있다. 모든 봉사가, ~척 ~척하는 '행위의 의'로 활개 칠 가능성이 크고, 직분에 따른 자기의의 목소리가 무의식적으로 커지고 서로 상처를 준다. 이런 일로 신실한 믿음의 행위가 무력화될 수 있다. 이건, 참 섬김의 의가 아니다. 예수는 제자들에게, 하나님을 모르는 지도자들이 얼마나 위세를 부리며, 작은 권력에 얼마나 빨리 취하는지 경고하면서, "인자는 섬김을 받으러 온 것이 아니라 섬기러 왔다"라고 했다. 물론 직분에 따라 신실한 언행을 보이려고 노력하는 신자들도 많이 있다. 그런데 우리 자신을 정직하게 들여다보면, 이 같은 인위적 노력의 행태는 은혜가 아니라 갈수록 종교적 위선의 껍데기가 자기도 모르게 두껍게 쌓일 뿐이라는 것을 알 수 있다. 신앙생활을 하면서 교회 제도로 인해 의식이든 무의식이든 굳이 불필요한 가식적 행위를 한다는 것 자체가 무당 종교다. 이런 신자들의 행위의 의가 한국 개신교의 관료제화된 직분 시스템이 주는 우상임을 적나라하게 표현한다. 직분에 따른 행위의 의가 무너지면, 그때부터 성령이 민감하게 작동한다. 하루속히 이 미신의 껍데기를 걷어내고 신실한 하나님과의 인격적 교제 안에서 감사와 기쁨의 봉사가 마음껏 펼쳐졌으면 한다. 이 모습이 초대 교회의 성령 공동체가 아닌가? 한국 개신교 위기 극복의 단초가 되지 않을까 싶다.

셋째, 성직자를 제외하고 세례받은 모든 남녀 신자들은 집사직을 갖도록 한다. 교회에 새로 등록한 초신자는 일정한 성경 교육을 받고 세례식을 거쳐서 집사로 임명된다. 한번 임명된 집사는 평생 집사로 봉사하면 된다. 집사의 임명은 어떤 복잡한 조건이 필요 없다. 세례를 받은 신자면, 예배 기본이 갖추어진 상태이기 때문에 굳이 매년 서약서 같은 형식적 제도를 둘 필요가 없다. 집사가 된 이후는 각자 믿음의 분량대로 정직하게 신앙생활을 하면 될 것이다. 성경에서 집사의 직분이 함의한 그 고유한 가치는 너무 커서, 집사의 직분도 감당하기에 황송스러울 뿐이다. 따라서 성경적으로 집사는 '만인 제사장직'에 합한 의미를 갖고 있고〈교회 직분의 유래〉참조, 굳이 오늘날 장로elder라는 직을 두어 서열화된 교권으로 예배의 순수성을 이탈하도록 만들 필요가 없다. 그 기능이 한계에 봉착했기 때문에 성경에 합한 집사제도로도 충분히 감당할 수 있다. 이렇게 직분 제도를 재설계함으로써 한국 개신교의 관료제화로 오는 병리적 현상을 극복하고, 위기 극복의 기폭제로 발전시켜 나가야 할 것이다.

(참고)〈교회 직분의 유래〉: 초대 교회의 직분은 감독(bishop, 목자/장로)과 집사(deacon)의 직이 있었다. 바울은 직분에 필요한 자격을 설명한다(딤전 3:8-13). 성경에서 감독(빌 1:1; 딤전 3:1; 딛 1:7)은 말씀과 기도의 사역을 담당하는 자로 목자(엡 4:11), 장로 등으로 오늘날 목사를 뜻하는 다른 말에 불과하다. 그러나 장로교회 창시자인 칼뱅에 의하여 정의된 장로는 두 가지 유형으로 구분된다. presbyter는 말씀 선포와 성례전을 행하는 사명을 받은 안수받은 목사를 가리키는 것이고, elder는 교회의 행정 운영에 있어서 presbyter를 돕는 평신자이다. 즉 presbyter는 목회의 기능을 수행하는 초대 교회의 감독으로서 장로를 말하고, 그리고 행정기능을 수행하는 봉사자는 오늘날 장로(elder)이다. 집사(deacon)는 한자로 직역하면 집안일을 꽉 붙잡고 있는 사람이란 뜻으로(執事), 가사를 맡아보는 고용인을 말한다. 성경의 사도행전 6장에서 일곱 집사의 선택을 보면, 사도들이 구제의 직임을 수행하다 보니 말씀 선포와 기도 등의 본래 직임을 수행하는 데 충실하지 못하여, 집사를 선택하여 사도들이 안수하여 그 직임을 위임한 것이다. 그러므로 집사는 사도들의 목회 기능 가운데 한 부분을 위임받은 목회자이다. 따라서 이 집사직은 성령과 지혜가 충만한 사람이 맡아야 한다는 자격을 규정하였다. 이것은 곧 예수의 섬김의 정신을 잇는 것이다. 따라서 만물의 주님이 만인의 종이 되신 것처럼 집사가 되는 일은 크리스천의 거룩한 사명이다. 이 같은 관점에서 사도들은 집사직을 갖는 사람들이다. 즉 사도직의 기초는 곧 집사직이며, 이는 섬김의 직이었다. 예수님이 이 땅에 오신 목적은 "인자가 온 것은 섬김을 받으려 함이 아니라 도리어 섬기려 하고 자기 목숨을 많은 사람의 대속물로 주려 함이니라"라고 말하였다(막 10:45). 여기서 섬김, 나아가 사랑

의 봉사이다. 주님은 '집사'의 직분을 몸소 실천해 보이시고 집사의 사역을 요구하신다. 고린도후서 5장 18절에 "모든 것이 하나님께로서 났으며 그가 그리스도로 말미암아 우리를 자기와 화목하게 하시고 또 우리에게 화목하게 하는 직분을 맡겨 주셨습니다." 여기서 화목하게 하는 '직분'은 헬라어 '디아코니아(diakonia)'라는 의미. 예수님의 삶 전체가 디아코니아이다. 이 말의 원래 의미는 가정에 있는 종들이 주인이 식사할 때 식탁 옆에 서서 대기하면서 시중든다는 말이다. 이를 한 단어로 표현하면 웨이터로서 '섬김', '봉사'로 집약된다. 초대 교회의 일곱 집사도 복음 사역의 다른 측면 구제와 봉사를 위해 선출되었고, 이때 사용된 단어도 디아코니아이다. 오늘날 집사를 말하는 단어 'deacon'은 헬라어 디아코니아에서 유래되었다. 우리가 화목하게 하는 직분을 이해할 때 봉사와 섬김의 정신에 입각한 그리스도의 정신을 구현하는 직분이 '집사'라는 것을 잊어서는 안 될 것이다.

넷째, 한국 개신교의 관료제화 극복을 위해서, 목자와 신자는 수평적 · 제도적 재설계[수평적 원탁조직, 그림]의 근본 취지를 이해했을 때, 혁명적 전환이 요청된다. 장구한 세월에 걸쳐 보편적으로 수용되었던 당연함의 기준을 뒤집어야 한다. 이의 근본 취지는 크게 보면 *하나*는 교회의 관료제화로 나타나는 병리 현상의 퇴치이고, *다른 하나*는 신자들의 믿음의 자유 함에 있다. 이 둘은 종교적 제도에 포획되지 않고, 오직 성령 안에서 믿음의 행위를 통해 성화로의 승화에 있다. 이는 종교적인 신앙생활에서 영적 신앙생활로의 전환이다. 한마디로 예배의 회복이고 삶의 회복이다. 새로운 수평적 시스템이 제대로 작동되려면, 무엇보다도 기본적으로 목자와 신자 간의 수평적 · 전일적 관계로의 정립과 상호 역할이 매우 중요하다. 왜냐하면 기존 시스템을 대체하는 새로운 제도로 재설계되었어도 성직자의 교권은 완전히 사라지지 않을 수 있어, 제도의 정착을 위해서 양자의 신앙적 책무가 수반되어야 한다. 또한 신자 모두가 만인 제사장이 아닌가? 그런 신앙적 지위를 나누어 가졌다면 사역의 책임도 공유해야 한다.

○ 목자의 길

① 이의 첫걸음이, 목자牧者는 과거의 당회에서 행사하던 관행화된 모든 교권을 스스로 무너뜨려야 한다. 목자가 개교회에 대하여 자기 공로를 생각하면 교권주의로부터 해방되기 어렵다. 우선 목자들 간에도 당회장 중심의 집권화된 권위주의부터 청산되어야 한다. 부목사들이 당회장의 똘마니나 되는 것처럼 이 눈치 저 눈치 보는 시스템에서 목회하는 것 자체가 우상이다. 그래서 이런 꼴 저런 꼴 보기 싫어 개척교회라는 이름으로 창업하여 대장 노릇에 집착하다 보니 가는 곳곳마다 십자가로 수십만 개의 미자립교회가 난무亂舞한다. 여기서 그치지 않는다. 미자립교회는 대형교회로부터 재정지원을 받게 되어 자연스럽게 비굴한 목회로 이끌려가는 모습도 보인다. 이런 형편이 되니 교회가 크면 큰 대로 작으면 작은 대로 양적 경쟁의 올가미에 묶여 내외적으로 교권의 교만을 잠재울 수 없다. 이에 따라 목회의 질이 떨어지고 신자들의 영성만 피폐하게 할 뿐이

다. 어찌 이것이 개척교회의 정상적인 선교라 할 수 있는가? 이 악순환의 교권 문화를 일소하려면 목자는 일상화된 세속화로 '당연의 세계당연히 그렇지', '물론의 세계물론 그럴 수 있지'에 젖어서는 안 된다. 즉 자신을 말씀으로 객관화할 수 있는 지혜가 필요하다. 기존 목사들의 잘못된 행태들을 과감히 벗어던져야 한다. 논어 술이 편에 '삼인행필유아사三人行必有我師'라는 말이 있다. 셋이 길을 가면 반드시 내 스승이 있다는 말로, 그중 선한 자는 가려 따르고, 선치 못한 자를 가려 본인의 잘못을 고치라고 했다. 목자는 이신칭의와 만인제사장주의를 한시도 방심해서는 안 된다. 신자들이 성경을 잘 이해하여 성숙한 믿음의 행위로 나아가는 데 '안내자' 역할에만 집중해야 한다. 세례자 요한은 "나는 주의 길을 곧게 하라고 광야에서 외치는 자의 소리다"눅 1:23 라고 하면서 '소리'에 방점을 찍었다.

한국 개신교는 이론적으로는 교권주의가 만연하지 않다고 억지를 쓰지만, 현실적 개교회의 모습은 전혀 그렇지 않다. 자신을 속이고 감추고 있다. 그러니 목자는 교권주의가 과연 무엇인지, 교권주의로 인해 교회 안에서 어떤 모습교회 관료제화으로 공동체가 시험 들고, 어떤 악영향으로 신자의 신앙 성숙에 걸림돌이 되는지, 그 영향평가를 철저히 통찰해야 한다. 우리 교회는 그렇지 않다가 아니다. 한국 개신교는 크고 작고 관계없이 목자들은 골수까지 교권주의로 경화되어 있기에, 광야에서 생사의 전투 없이는 극복하기 어렵다. 교회가 작을 때는 교권이 숨어 있다가 교회가 점차 팽창되면서 크기에 비례하여 교권이 커진다. 만인제사장주의의 관점에서 자신이 서 있는 모습을 철저히 고발하고, 목회의 방향을 세밀히 통찰할 필요가 있다. 목자가 자기를 경계하지 않으면 순식간에 교회 관료제화에 종이 되어, 종국에는 교회가 사탄의 놀이터로 변하고 상호 먹고 먹히는 먹잇감이 된다. 목자의 교권으로 신자가 사탄의 졸개가 될 수 없다. 누군가가 말했다. 골프와 정치는 고개를 드는 순간부터 무너진다고 했다. 그만큼 힘이 들어갔다는 것이다. 즉 '제도적 이기심'을 버리고 '제도적 자제institutional forbearance'에 집중해야 한다. 목자가 교권으로 고개를 들고 힘을 행사하는 순간, 목회 실패는 말할 것도 없고 하나님과 대적하여 싸우겠다는 것을 선포하는 것이다.

② 목자는 성직 그 자체가 삶의 존재 이유가 되어야 한다. 자기 존재에 대한 내적 고민을 쉴 새 없이 사유해야 한다. 목자는 세속 모양의 우상에 이목을 기웃거리는 그 순간 무너진다는 것을 마음 깊이 새겨야 할 것이다. 그리고 자신의 문제에 집착하지 않는 쉼 없는 기도의 성찰 훈련이 필요하다. 주님처럼 늘 일의 결과보다 동기를 꼼꼼히 살피고, 마음을 점검한 뒤에 거룩한 두려움으로 임해야 한다. 목자는 삶의 단순함과 내핍의 향기를 뿜어야 양들이 공동체 안에서 쉼을 얻는다. 내 안에 있는 이기심의 곳간을 비우지 않고는 거룩함을 말할 수 없다. 현재 한국 개신교의 많은 대형교회 당회장 목사들의 처우 내역內譯과 대

우방식을 소상히 알고 나면 참괴함이 든다. 여기가 기업인가? 글쎄, 목자가 신자들의 손길에 살이 올라 번드레한 기름기로 싸여 있다면, 본질, 고난의 십자가를 고민해야 한다. 필자가 몇 년 전, 세계생태관광포럼이 있어 바이칼호를 방문한 적이 있다. 그때 시간이 좀 있어, 주최 측이 원시 종교사원을 안내했다. 큰 사원을 들어섰을 때 성직자라는 분들이 몇 줄씩 둘러앉아 경전을 외면서도 얼굴은 온통 관광객에 맞추어져 있었다. 더욱 놀란 일은 그들의 얼굴과 몸이다. 이 가난한 나라에 기름기가 번들번들한 얼굴에 몸에 살이 올라 터질 것 같았다. 아, 저들도 교리만 입으로 나불거리고 세속의 안일에 젖어 갈팡질팡하고 있구나. 성심은 세속 물질의 도포에 싸여 사원 바닥에 나뒹굴고 있고, 종교의 이름으로 무지한 백성들을 미혹하는 양상군자들이라 생각이 들었다. 함께한 사람들도 사원을 나오자마자 한결같이 똑같은 마음으로 고개를 절레절레 흔들고 있었다.

목자들이 모인 모임에 가보면 어떨까? 신자들이 무엇을 보고 느낄까. 아니, 후배 목자들은? 혹, 그런 모습을 꿈꾸고 있지 않은지 두렵고 가슴 떨린다. 목자는 늘 바울의 삶을 반추할 때 세속화된 교권을 무너뜨릴 수 있다. 바울은 사도행전 20장에서 에베소 제자들에게 예루살렘을 떠나기 전, 고별설교를 했다. "여러분도 잘 알다시피 나는 재물이나 유행에는 관심이 없습니다. 나는 내 자신과 또 나와 함께 일하는 사람들의 기본적인 필요를 맨손으로 해결했습니다. 무슨 일을 하든지, 약한 사람들편에서 일하고 그들을 이용하지 않아야 한다는 것을 여러분에게 본으로 보였습니다. '주는 것이 받는 것보다 훨씬 행복하다'라고 하신 우리 주님의 말씀을 늘 기억한다면, 여러분은 이 부분에서 잘못되지 않을 것입니다. 말을 마치고 나서, 바울은 무릎을 꿇고 기도했다. 그들도 다 무릎을 꿇었다. 하염없이 눈물이 흘렀다. 그들은 바울을 꼭 붙들고서 그를 보내려고 하지 않았다." 바울의 삶, 그 자체가 사도의 표상이듯이, 목자는 어떤 형편에서든지 자족하는 생활방식을 익히고 물질주의의 도전에 저항하며 검약한 순례자의 공동체가 되도록 힘써야 한다. 목자도 평신자보다 더 낮은 종으로 돌아갔을 때, 성직 그 자체가 삶의 존재 이유를 설명할 것이다. 진정, 복음 사역자로 내면에 깊이 뿌리박고 있는 교권을 흔들어 뽑을 수 있다.

목자는 성직의 발을 딛는 순간부터 발을 떼는 그날까지, 예수와 사도들이 걸어간 삶의 길을 상상하며 감사와 소명으로 답해야 할 것이다. 한국 개신교의 위기 극복을 수많은 종교행사 프로그램이벤트 등과 프로젝트를 만든다고 해결되지 않는다. 이런 노력은 가지치기에 불과하며, 오히려 신자들의 허영과 종교심의 자만만 키울 뿐이다. 성직자는 어떻게 하면 신자들의 '행위의 의'에 도끼를 치며, '믿음의 행위'로 성화될 수 있도록 몸부림쳐야 한다. 목자는 신자에게 무당의 안전을 심어주어 상호 외식주의자로 만들어서는 결코 안 된다. 목자가 성직의 존재 이유가 무너지면, 교권에 묶여 영적 도전 없이 역사적 예수를 고민하지 못하고 자기들만의 리그와 타성에 젖어 체제 안에 갇히게 된다. 한 손에는 성경, 다른 한 손에는 세속의 아픔을 읽어야 교권주의로부터 풀려날 수 있다. 목자는 양의 삶의 정황에 대한 올바른 이해가 있어야지 사명의 정체성도 분명해짐을 성경은 말하고 있다.

목자는 관계성에 대한 영성 지수가 일반인보다 훨씬 높아야 한다. 예수는, 왜 인성의 몸을 입고 이 땅에 오셨는가? 인자가 온 것은 잃어버린 자를 찾아 구원하려 함이라고 했다. 예수는 왜 세리와 창녀, 가난한 자와 병든 자, 과부와 소외된 자들과 어울리면서 감정이입을 통해 세속의 모순을 읽었는가? 역지사지! 관심을 담고 주위를 살피는 긍휼의 아픔이 아가페가 아닌가? 선한 사마리아인! 그의 측은지심의 관심이 이성과 감성을 녹여 아가페로 꽃피운 것이 아닌가? 주님은, 이 땅에서 그의 도움 없이 도저히 설 수 없는 가장 연약하고 고통받는 사람, 세상 제도권의 변두리에서 방황하며 갈 곳 없는 나그네에게 관심을 보였다. 단 하나, 그들에게 구원과 사랑의 수혈이 간절했기 때문이다. 누구를 사랑하는 일은 나와 이웃을 구원하는 일이다. 예수는, 건강한 자에게 의원이 필요 없다고 했다. 현실의 삶을 독해하지 못하는 종교는 스스로 자신들을 조롱거리로 만든다. 목자는 신자에게 설교를 하기 전에, 먼저 자신을 향해 설교하고 강단에 섰으면 한다. 이 설교가 주는 메시지가 하나님의 일로서 내 삶의 존재 이유에 부합하는지 항시 물어야 한다. 목자가 하나님을 위해 행한 선한 일의 증거가 신자들의 삶 속에서 고스란히 나타나야 한다. 그러기 위해 밤낮으로 하나님 아버지 앞에 고백의 고통을 학습해야, 신자들 앞에서 설교로 성직의 존재를 설명할 수 있지 않겠는가?

③ 목자는 진정한 예수의 장인匠人이 되어야 한다. 한마디로 말씀의 장인이 되어야 한다. 예수는, "진리가 너희를 자유롭게 한다"라고 말했다. 진리를 제대로 이해해야 교권의 사슬에서 풀려날 수 있지 않겠는가? 선무당이 사람 잡는다는 말이 있다. 목자는 성경의 교리를 조직적으로 완성시킨 사도 바울을 생각해 보아야 한다. 예수님 당시에도 늘 듣던 모호한 우화적인 궤변이나, 인용문을 나불거리던 종교학자나 바리새인과는 달라야 한다. 왜, 예수님의 설교에 경외함이 묻어 있었겠는가? 진솔하면서도 영적 권위가 있었기 때문이 아닌가. 교권에서 풀려나면, 누구의 눈치도 볼 필요 없이 설교에 자유 함을 얻을 수 있다. 그리고 남들의 시선이나 평가로부터 자유로워진다. 그러면 하나님의 진리 앞에 바로 세워질 수 있다. 그러기 위해서는 목자는 진리를 궁구하는 일에 영적 통찰이 필요하다. 말씀 선포가 그 시대의 세계관을 관통해야 영적 치유가 가능하다. 성경은 구절구절마다 시대적 영적 맥락과 의미를 담고 있기 때문이다. 그 맥락의 근본 통찰은 아가페에서 온다. 아가페의 본질이 생명의 긍휼함이 아닌가? 긍휼함이 없는 목자는 영적 통찰에 무지하다. 예수의 기적은 측은지심에서 시작된다. 목자는 게으름의

종이 아니라, 긍휼함에 마음을 떠는 돈독함이 있어야 보이지 않는 숨은 진리를 공감하고 채굴할 수 있지 않겠는가? 긍휼의 옷이 두꺼울수록 사랑의 손과 발이 바빠지고 넓어진다. 루터는 우상을 마주하며 치열하게 싸워서 진리의 도를 찾았다. 교권에 사로잡힌 자는 자기 입맛에 따라 하나님을 선택하는 사기꾼의 기질이 있다. 하나님의 명예를 실추시키는 자가 되었어야 되겠는가. 오늘날 우리의 문화가 세속주의에 함몰되어 있고 온갖 무당종교로 판치고 있어, 성경적 시각에서 세상을 정확히 분별하는 데는 한계가 있다. 이에 대응할 능력은 반도 못 되니 어떻게 사탄의 술수를 방탄할 수 있겠는가? 목자는 환자의 소리만 들어도 병명을 진단할 수 있는 명의가 되어야 한다. 예수는 밀리고 밀리는 무리 중에 열두 해 동안 혈루증으로 앓던 여자가 예수의 옷자락만 만져도 금방 아는 영적 힘이 있었다. 그리고 그 영적 힘이 얼마나 온유한가? "내가 너를 고친 것이 아니라, 네 믿음이 너를 구원했다"라고 했다. 교권주의에 풀려나면, 나의 권위가 무너지고 믿음의 권위만 살아난다. 영적 권위는 있어야 하지만, 세속 권위주의가 되어서는 안 된다.

하나님 나라의 지적 훈련이 잘된 사람은 시계를 차고 있는 자와 같다. 어디서 누가, 몇 시냐고 물으면 즉시 저장된 진리의 영이 작동되어, 몇 시라고 바로 정확히 대답할 수 있다. 목자는 훈련된 무능이 아니라 훈련된 영성의 장인이 되어야 한다. 훈련된 무능으로 설교를 하면 양은 졸고 늑대가 성전을 춤추고 다닌다. 목자는 하나님 나라의 안내자인데, 안내자가 눈이 멀면 양은 어디로 가겠는가? 늑대의 먹잇감밖에 되지 않는다. 이런 신앙공동체는 끊임없이 혼란스럽고 혼란을 잠재우기 위해 교권의 횡포만 펄럭이고 설교와 기도는 온통 말씀을 포장한 기복 세계관에 포획돼 있다. 이에 풀려나기 위해서는 사회의 병리적 현상을 잘 진단한 전문가들이 쓴 글과 책을 수없이 독해하고, 말씀에 비추어 풀어낼 수 있는 영적 혜안을 배양해야 한다. 물론 설교자가 각각의 상황에 성경적 원리를 적용하는 데는 세심한 주의를 기울여야 한다. 목자는, 신자들이 예수를 너무 좋다는 것을 일깨워 주는 설교에 몰입해야 한다. 영적 갈급함을 채우는 훌륭한 요리사가 되어야 한다.

가령, 음식점의 성패는 맛과 고객의 건강에 있지, 건물이나 간판이나 서빙에 있지 않다. 일류 요리사가 필요하다. 요리사料理師란 말을 풀이해 보면, 본래, 료料 앞에 재材를 붙여 해석하는 것이 본래 의미 전달이 확실하다. 즉 음식의 재료材를 건강을 헤아려서料 맛을 잘 다스리는理 전문가師를 말한다. 참 목자는 성경 말씀을 신자들의 영적 건강을 깊이 헤아려서 잘 풀어 공급하는 전문가다. 이처럼 목자도 말씀의 전문 요리사가 되어야, 신자들이 건강해지고 마귀의 유혹을 쳐낼 수 있다. 목자는 당장 이 시간에 어떤 요리사인지 자문자답해 보아야 한다. 성경은 온갖 영적 요리재료로 펼쳐져 있다. 이 재료를 갖고 어떻게 맛있게 요리하여, 땅끝까지 주님의 증인이 될지, 강도 높은 하나님과의 소통이 필요하지 않을까 싶다. 아무리 거창하고 현란한 간판도 고객의 진지한 미각의 혀를 속이지 못한다. 본질을 망각하고 비본질적인 일에 힘을 쏟는다면, 고객은 본질을 꿰뚫어 보고 발걸음을 멈춘다. 가나안 교인이 늘어나는데도 그 원인을 목자 자신을 보지 않고 사회환경으로만 돌려서는 안 된다. 목회 환경이 가장 어려울 때일수록 목회의 진수가 발현된다고 본다. 그 어려운 환경이 은혜로 다가와야 한다. 목자의 설교는 생명과 같다. 예배하는 신자에게 혼란한 메시지를 주어 중언부언하는 우상의 기도로 몰아넣어서는 안 된다. 설교가 온통 기복과 율법주의로 유인하는 세상 속의 종교인이 되도록 해서야 되겠는가? 설교가 탁상공론이나 머리에만 머물면 생명은 죽고 그 생명이 지속될 수 없다. 설교와 가르침은 신자들의 세속 삶에 부끄러움을 일깨우고, 복음의 목마름과 의심의 물음에 답을 주고 가슴 뛰는 거룩함의 결단이 되도록 해야 한다. 항상 삶 속에서 생명의 문제를 고민하고, 하나님을 찾게 되는 이유를 확인시켜 주어야 한다. 부족 신앙에 갇혀 교회주의에 머무는 설교가 되면 되겠는가? 메시지는 교권의 장벽과 교회 울타리를 뛰어넘어 삶의 현장 속에 씨를 뿌리고 밭을 갈도록 해야 한다. 그렇지 않으면 신자는 교회 밖에서 말씀과 다른 외식의 삶을 살게 되어, 이웃으로부터 멸시와 조롱을 받고 하나님의 영광을 가린다. 선교의 성공은, 복음을 접하지 못한 사람들이 크리스천의 삶의 옷을 보고, 복음의 옷을 입기 때문에 더욱 그렇다.

이와 더불어 목자의 설교방식에 대하여 한국 개신교는 고민해야 할 때가 오지 않았나 싶다. 시대 상황에 따라 다른 언어의 수단으로 복음 전파가 될 수 있다. 즉 설교방식의 다양화다. 코로나 동안 오프라인 대면 예배가 어려워 온라인 예배가 몇 년 동안 이루어져 왔다. 필자의 생각은 이 둘의 예배 방식이 '어느 것이 옳고, 틀리다'라는 차원이 아니라고 생각한다. 다만 초디지털시대에 커뮤니케이션의 다양한 수단_{유튜브 등}이 발전됨에 따라, 예배의 소통 방식도 변화될 수밖에 없는 환경에 직면하고 있다는 점이다. 가령, 루터의 종교개혁 당시 요하네스 구텐베르크의 금속활자와 인쇄기의 발명으로, 루터의 번역 독일어 성경이 독일 전역을 휩쓸었고, 그 이후 순식간에 유럽 전역에 전파되어 개신교의 역사적 전환점이 되었다. 오늘날 온라인 커뮤니케이션 발명이 이와 매우 유사한 성격을 띠고 있다고 볼 수 있다. 이 바람을 막기란 힘들 것이다. 단순히 설교를 듣는 신자의 입장은 양자 모두 장단점을 갖고 있기에 상황에 따른 선택의 문제라고 볼 수 있다. 예배하는 교회가 교권에 짓눌려 있다면 물리적인 공간이 무슨 의미가 있겠는가. 로마교황청이 그랬다. 화려한 베드로 성당 뒤에는 종교 만능주의로 썩은 악취가 진동하는데 무슨 영적 예배가 되었겠는가?

성경은, 예수를 믿는 우리 각 사람은 하나님이 거하시는 성전이라고 했다. 물론 건강한 신앙공동체라면 신자들 간에 인격적인 교제도 중요하므로, 여건이 가능하다면 출석하여 예배를 드리는 것이 좋다고 본다. 그런데 문제는 성직자의 설교 질과 내용에 있어서 문제가 있다면 신자들의 선택은 다를 수밖에 없다. 환자가 전문의를 만나서 치료를 받는 것은 상식이다. 만약, 비전문의나 돌팔이 의사에게 진료를 받는다면 병을 고치기는커녕 오히려 더 위험에 빠지거나 죽을 수도 있다. 또한 신자는 영적 깊이에 따라 선택의 자유가 있다. 더구나 신앙은 영적 문제이기 때문에 더욱 신중한 선택이 필요하다. 축구 경기를 집에서 보는 것과 직접 필드에 가서 보는 것도 차이가 있다. 축구를 경기 룰rule에 따라 정말 잘하는 프로선수가 있다면, 시간과 돈을 들여서라도 직접 필드를 찾아가 경기를 본다. 오지 말라고 해도 찾아간다. 그런데 이와 정반대일 경우는 필드는커녕, 다른 팀의 경기를 본다. 물론 그렇다고 비교 경쟁의 무지한 함정에 빠져서는 안 된다. 따라서 목자들은 오프라인 설교와 온라인 설교를 복음 전파의 순기능적 관점에서 어떻게 선용할지 잘 준비도 해야 하겠지만, 그보다 더 중요한 것은, 건강한 신앙공동체로 성장하기 위해 진정한 예수의 장인이 되어야 한다.

④ 목자는 효율성과 효과성에 지나치게 집착해서는 안 된다. 효율성efficiency은 투입 대비 산출의 비율로 산출에 대한 비용의 관계이고, 효과성effectiveness은 목표의 달성도다. 이 둘의 가치는 본질적 가치라기보다 수단적 가치다. 수단적 가치의 몰입은 목표의 수단화가 될 수 있고 외형주의에 빠지기 쉽다. 그렇게 되면 밤낮 계산에 정신이 홀려 교권을 악용하고 설교가 미로로

빠진다. 또한 이 둘은 현실적으로 헌금과 직결되어 있고 교회의 관료제화와 연계되어 있다. 따지고 보면 교회의 외적 성장에 집착하는 것도, 이들과 무관하지 않다. 목자가 물리적 종교시설이나 종교 프로젝트에 마음이 붙잡히게 되면, 본질보다 비본질에 힘쓰고 말씀을 망령되이 할 가능성이 커진다. 가령, 건축을 하려면 돈이 필요하고 이의 목적을 달성하기 위해서는 헌금을 더 거두어야 한다. 당연히 당회는 건축에 대한 방법의 효율성과 효과성이 고려되게 된다. 건축 자체의 효율성보다 돈을 거두는 수단의 효율성에 집착한다. 중세 성베드로 성당 건축이 로마가톨릭의 교권을 높이기 위한 효율성의 전형이 아니었던가? 교권의 탐닉을 건축의 효율성에 맞추어 면벌부를 판매한 것이다. 또한 교회 운영의 지나친 효율성과 효과성은 통계목회로 빠지게 될 위험성을 안고 있다. 신자의 수, 교회의 크기, 헌금 액수, 종교시설의 확장성, 목표 달성 등등, 이들을 지향하는 통계목회는 삯꾼 목사를 위한 종교기업과 다를 바 없다. 이들 수단적 가치에 교회가 묶이게 되면 예배의 본질은 훼손된다. 하나님은 결과보다 목자의 순수한 동기에 비전을 보여준다. 목자가 세속의 성과 가치에 마음을 두면 하나님은 숨어버린다. 목자가 섭리의 은혜에 마음을 두면 하나님은 찾아와 꿈을 주고 공동체의 선을 이룸을 성경에서 수없이 보여주고 있다.

하나님의 나라는 효율성의 가치를 지향하지 않는다. 하나님은 우리를 시간과 수로 셈하지 않고 긍휼함으로 바라본다. 효율성은 믿음의 행위와는 거리가 멀다. 성경에 포도원 품꾼들의 비유가 있지 않은가? 아침에 온 자나, 점심때 온 자나, 오후 늦게 온 자나 똑같은 하루 보수, 약속한 한 데나리온을 주었다. 육의 관점에서 본다면 아침에 온 자가 효율성을 따지고 불평하는 것은 당연할 것이다. 그러나 하나님은, 불평하는 자의 셈 방식과는 다른 관점을 보이신다. 위대한 반전을 선언하신다. "내 것을 가지고 내 뜻대로 할 것이 아니냐 내가 선하므로 네가 악하게 보느냐. 이와 같이 나중 된 자로서 먼저 되고 먼저 된 자로서 나중 되리라"라고 하였다마 20:15-16. 교회는 효율성을 극복해야 진리가 세워질 수 있다.

목자는 교회 운영의 효율성과 관련하여, 헌금의 쓰임새에 대한 성찰이 꼭 필요하다. 한국 개신교는 헌금을 거두는 데는 관심이 많지만 나누는 데는 좀 인색하다. 헌금이 제대로 쓰이지 않으면 신자들의 손이 오그라든다. 헌금이 제대로 쓰여야 신자들도 헌신에 기쁨과 감사가 있다. 개교회의 헌금이 적어도 40% 이상, 가난 구제빈곤층, 장애 등와 선교에 써야 그나마 정상적인 신앙공동체라 볼 수 있지 않을까 싶다. 물론 개교회마다 사정은 다를 수는 있지만, 이는 금액의 문제라기보다는 전체 헌금에서 차지하는 쓰임의 용도라고 본다. 목자는 헌금의 의미를 깊이 사유할 필요가 있다. 헌금은 신자 한 사람 한 사람 땀으로 이루어진 믿음의 결정체다. 어떤 목자들은 모두가 하나님의 것이니 너희의 소산을 헌금으로 내는 것은 당연하다고 힘주어 말한다. 이 말은 틀린 말은 아닌 것 같지만, 매우 무책임한 말이다. 늘 사이비 종교집단이 애용하는 언어다. 이런 목자는 신실한 구제에는 관심이 없고, 흉내만 내고 순전히 교권에 묶인 삯꾼에 가깝다. 한국 개신교는 세속가치에 집착하는 효율성이 아니라, 각자 하나님의 공평성에 기반을 두고 목회의 목표와 정체성을 잘 정립하여, 그 지역과 소속 신자에 어울리는 목양을 했을 때 복음의 공명共鳴이 더 커질 수 있다고 본다. 기존 교회의 관행 대신 지역에 뿌리를 둔 사랑과 선교적 공동체로 작지만 강한 교회로 변혁되어야 한다. 따라서 각 개교회는 새로운 수평적 원탁 시스템에 대한 과감한 실험과 도전의 용기가 필요하다. 인간적인 계산으로 위험하게 보이는 곳은 하나님의 뜻이 반드시 있다. 다만 인내의 훈련으로 끝까지 견디는 자는 승리한다. 선한 의지의 담대한 용기가 필요하다. 이사야 41장 10절, "두려워 말라 내가 너와 함께 함이니라 놀라지 말라 나는 네 하나님이 됨이니라 내가 너를 굳세게 하리라 참으로 너를 도와주리라 참으로 나의 의로운 오른손으로 너를 붙들리라"라고 하였다.

⑤ 목자의 도덕적 민감성은 보통 사람보다 훨씬 높아야 한다. 비인가 신학교를 포함하면 한국의 신학교는 100개가 넘는다고 한다. 또 교파마다 신학교는 천태만상이라는 것이 현실이다. 문화체육관광부가 발표한 2018년 '한국의 종교 현황'에 따르면 한국 개신교 교단 수가 374개이다. 이 중 확인되는 교단이 126개이고, 248개는 이름만 파악할 뿐 교직자와 신자 수, 심

지어 소재지조차 파악되지 않는다는 것이다. 이는 대부분 재교육 기관을 운영하면서, 단기간 내 목사 안수를 주고 교육 기간도 짧아 부도덕한 목사가 배출될 개연성이 크다는 것을 의미한다. 군소 교단의 신학교가 전체 신학교의 70~80%를 점유하니, 성직자 검증 실효성이 실패할 수밖에 없다. 특히 군소 교단의 난립과 무인가 신학교의 문제는 한국 개신교의 신뢰도에 악영향을 미친다. 2023년 2월에 기독교윤리실천운동이 '2023 한국 교회의 사회적 신뢰도' 조사 결과에 따르면, '기독교 목사의 언행에 신뢰가 간다'라는 항목에 긍정이 20.8%, 부정이 74.6%로 나타났다. 이는 무엇을 의미하는가? 온통 교권 싸움으로 교단이 난립하고, 어떤 견제도 없이 제멋대로 운영되고 있다는 것을 방증하는 것이다. 이제 신학교도 뼈아픈 영적 도전이 필요하다. 청소할 때가 온 것이다. 인격적 자질이 부족한 성직자 배출로 교회가 위기를 맞고 있다. 삶과 가르침이 따로 놀아서야 어찌 되겠는가? 그러다 보니 이 사회의 도덕적 최후의 보루가 성직자인데, 성직 실패로 기독교인 전체가 불신을 받고 있다. 흔히 볼 수 있는 성직자의 도덕적 타락으로 직권남용_{당회, 제직회, 공동의회 등}, 노회 운영의 세속화, 윤리적 타락_{성추행, 표절, 세습화 등}, 금전적 문제_{헌금 훼손, 대출, 부채 등}, 국가적 책무 방임_{납세의무 등} 등등으로 세속보다 더 추하고 교만한 행태를 보이는 경우가 허다하다. 견리사의_{見利思義}란 말이 있듯이, 목자의 청렴은 하나님의 의를 드러내는 첫 발걸음이 아닌가 싶다.

지금, 당장 목자의 사회적 신뢰 회복이 급선무다. 신뢰 회복은 회개가 무기다. 이는 목자의 도덕성과 교회 운영의 투명성으로 연결되어야 한다. 비신앙인들이 보는 것은, 매스컴에 크게 보도된 대형교회에서 일어난 비도덕적이고 비윤리적인 행태에 관심이 높다. 비난의 빌미를 주는 것, 이 또한 하나님의 공의를 훼손하는 일이다. 큰 교회가 저 정도면 중·소 교회는 말할 것도 없지, 라고 치부해 버린다. 필자가 목격한 일인데, 어떤 신자가 전도하면서 "예수를 믿으세요"라고 했는데, 상대의 대답이 기가 막혔다. "예, 예수를 믿으라고요. 나한테 전도하기 전에 아무아무 교회에 가서 세습 문제부터 해결하고 와서 전도하세요." 갑자기 그 소리에 가슴이 콱 막히는 충격을 받았다. 그렇다. 복음의 통로는 말이 아닌 그리스도처럼 살아가는 모습이지. 특히 교회 세습 문제는 자체도 문제가 있지만, 후임 목사와 전임 목사 간에서, 또한 이를 둘러싸고 있는 당회 세력과 신자들 간의 다툼 등, 복잡하게 얽힌 경우가 대부분이기 때문에 먼저 성직자들의 교권 탐닉과 처신에 대한 뼈 아픈 성찰이 필요하다. 사실, 교회 세습은 헌금이 안 나오는 중소형 교회에서는 그다지 발생하지 않고 대부분 대형 교회에서 일어난다. 왜, 그럴까? 속셈이 뻔하다. 교권과 돈의 영향 때문이다. 세속적 가치 때문에 교회를 세습한다. 중세 교회도 마찬가지였다. 종교의 세습 문제는 우리 사회의 가치관 형성에 매우 나쁜 선례가 될 수 있고, 공공의 가치에도 역행하는 행태다. 정치적으로도 세계에서 세습하는 국가는 대부분 전체주의 전제주의 국가들이다. 이처럼 목자에게 평인보다 높은 도덕적 기준이 적용되는 것은 사회적 신분이 주는 역할 때문일 것이다. 그 기준에 적합한 소명의 삶이 어렵다면, 성직을 내려놓아야 한다. 오늘날 성직자의 도덕적 부패와 교권주의 그리고 번영신학이 조합되면서 한국 개신교의 최대 재앙으로 다가오고 있다.

○ 신자의 길

성직자목자와 신자집사의 수평적인 관계에서, 신자로서 하나님과의 인격적 관계를 확실히 세워야 한다. 이는 하나님의 의다. 한국 개신교의 관료제화는 당회만의 문제가 아니라 신자들에게도 책임이 크다. 이 점에서 하나님과의 바른 관계 속에서 신자의 역할은 무엇인가. 또한 루터의 종교개혁 정신에 비추어 볼 때, 한국 개신교 신자들의 신앙적 자세는 무엇이 문제고, 변화되어야 할 점은 무엇일까?

① 한국 개신교의 신자들은 불의에 대한 저항이 F학점, 60점 이하이다. 과락으로, 재이수를 해야 하는 성적이다. 이는 성경 말씀을 왜곡하여 불의와 타협하는 일에 일상화·습관화가 돼 있다는 것이다. 불의에 저항하지 못하는 것은 삶의 꿈을 포기하는 것이다. 루터의 종교개혁은 저항이다. 개신교의 탄생은 프로테스탄트protestant로 저항에서 출발했다. 무엇에 대한 저항인가?

그건, 오직 예수, 복음의 본질로 돌아가자는 저항이다. 성경적 권위 회복이다. 크게 보면, *하나*는 비성경적 교회 행태에 대한 저항이고, *다른 하나*는 개개인의 잘못된 신앙 양식에 대한 내적 저항이다. 다만 이들 저항은 자아 도착증에 따른 편협한 비판이나 감정적이고 이기적인 비난이 되어서는 결코 안 된다. 신자들 간에 상호 비난하는 비판은 있어서는 안 된다. 사랑이 없는 비판은 질투이고 인욕일 뿐이다. 형제를 넘어뜨리려는 것이 아니라 바로 세워주는 저항이어야 한다. 하나님께서 우리에게 주신 자유의 선물을 지각없이 사용해서는 안 된다. 저항은 성령에 의해 지배받는 선택이어야 한다. 즉 말씀과 신앙과 타협하지 않는 경건한 저항이어야 한다.

십자가는 시대 물결에 편승하는 자에게는 오지 않는다. 소명을 가진 자에게 온다. 준비된 하나님의 자녀로 부름을 받아야 한다. 그 부름은 거창한 것이 아니라 일상과 매일매일 순간의 삶 앞에서 부끄러움이 없는 신실한 복음적 행태이다. 신자는 일상의 작은 불의에 대해서도 순진한 사람이 되어서는 안 된다. 하나님의 구속사를 보면, 하나님은 준비된 자의 헌신의 순간을 절대 놓치지 않는다. "가장 알맞은 때에 내가 너의 외치는 소리를 들었다. 네가 나를 필요로 하던 그날에 내가 너를 도우려고 거기 있었다"라고 하였다고후 6:2. 신자가, 교회 안에서든 밖에서든 비성경적인 행태를 비판하는 것은 예수를 닮아가는 진실한 과정이다. 하나님의 뜻과 다른 상황에서는 질문하고 저항해야 합력하여 선을 이룰 수 있다. 신자의 올곧은 비판은 궁극에는 목자의 목양을 돕는다. 뜻 없이 무릎 꿇는 그 복종은 순종이 아니라 미신에 대한 맹종일 뿐이다.

한국 개신교의 신자들은 언젠가부터 중세시대에 박제화된 사제의 순종이 믿음으로 둔갑하여 왜곡된 채 받아들이고 있다. 교권을 맹목적으로 추종하는 것은 비신앙적이다. 이는 성직자의 교권 지탱을 위한 교회 관료제화에 따른 신자들의 신앙적 양심을 짓눌려 놓았기 때문이다. 그러니 잘못된 문제를 보고 저항하는 것이 곧 성직자에 대한 불순종으로 간주되어, '감히 누구한테 덤벼, 하나님을 대신하는 종에게', 그 말에 신자들은 하나님으로부터, 혹 큰 벌을 받지 않을까, 상상의 미신으로 두려워한다. 중세시대에 지옥이 두려워 면벌부를 샀던 미신 신앙이, 한국 개신교 신자들을 교리로 묶어 율법주의자로 만들고 있지 않나 걱정이다. 복음주의는, 성직자가 아니라 하나님 앞에 바로 서는 것이 순종이다. 교권에 고개 떨구는 순종이 아니라, 하나님의 공의를 사모하고 따르는 것이 순종이 아닌가? 신자는 교권을 기쁘게 하는 태도로 종교성에 열정을 부리는 화려한 외식 잔치에 손발이 묶여서는 안 된다. 따라서 신자는 먼저 하나님 앞에 바로 서는 성숙한 믿음의 자세가 중요하다. 하나님 앞에 바로 서는 일은 우리의 힘으로 노력으로 완성할 수 있는 일은 아니지만, 그분께서 바로 세워주실 것을 신뢰하고 간구한다면 분명 세워주신다고 로마서 4장에서 말하고 있다. 중요한 것은,

하나님에 대한 인격적인 신뢰의 태도와 현실의 자세이다. 하나님이 가인의 제사를 물리치고 아벨의 제사를 받았다. 그 이유는 무엇일까? 이는 하나님에 대한 아벨의 바른 인격적 태도에 있었다고 본다. 하나님 앞에 온전한 제사는 믿음의 제사, 즉 하나님과의 인격적인 만남에서 드리는 신앙적 자세를 의로운 자라 하시는 증거를 얻었다고 히브리서 11장 4절에서 밝히고 있다. 하나님 앞에 경외함을 갖고 바로 서야, 사람 앞에 바로 설 수 있지 않겠는가? 신자는 악의 어떤 모양에서라도 민감하며 강하게 맞서야 한다. 이것이 건강한 신앙공동체로 만드는 첩경이다. 여기서 강하게 맞선다는 말은 물리적인 행동이 아니라 비폭력적인 지혜로운 방법을 찾아 경건한 저항을 해야 한다.

성경에서 가룟 유다처럼 불의와 타협한 많은 사람이 어떻게 삶을 마감했는지를 우리에게 생생하게 증언해 주고 있다. 한국 개신교 신자들은 불의한 행위에 무감각할 정도로 둔감하여 영적 불감증에 걸려 있다. 아마 위계적 직분 시스템에 따른 관료화와 교회주의 문화에 기인하지 않았나 싶다. 부족 신앙에 갇혀 교리에 매몰되면, 교권의 우상이 진리를 삼켜버리고 불의만 판을 친다. 하나님을 경외하는 자라면 이를 묵과하지 않을 것이다. 작은 일의 충성은 작은 불의의 민감성에서 출발돼야 한다. 그렇지 않으면 하나님의 영광을 가로챌 수 있기 때문이다. 사도행전 5장에, 아나니아Ananias 와 삽비라Sapphira 부부는 사탄에 넘어가 성령께 거짓말하고 땅값 중 일부를 몰래 떼어두고, 결국 그 거짓말로 둘 다 죽었다. 여호수아 7장에, 여리고 성을 점령할 때, 어떤 전리품도 가지지 말라는 하나님의 의를 망각한 아간Achan이 전리품 중 몇 가지를 가진 거짓 태도로, 이스라엘은 작은 아이 성 전투에서 속절없이 무너지고 말았다. 제궤의혈^{堤潰蟻穴}이란 말이 있듯이, 큰 제방이 개미구멍으로 무너진다는 것이다. 예수께서 보이지 않는 누룩의 확장성을 늘 경계하라고 했다. 하나님의 자녀는 남이 다들 한다고 해서, 나도 해도 된다는 맹목적 세계에 빠지면 안 된다. 하나님과의 인격적 신뢰 형성은 거룩함에 있다. 그 거룩함의 바탕은 성경이고 그 거룩함은 구별된 삶이 아닌가? 하나님은 "내가 거룩하니 너희도 거룩할지어다"레 11:45, 불의한 제도 질서에 순응하여 거룩함을 희생시켜서는 안 되고 도피해서도 안 된다. 세속과 구별되지 않는 교회의 운영형태에 침묵하는 일은 하나님과 대적하여 싸우자는 것이다. 반면, 거룩한 임마누엘의 배는 결코 침몰되지 않는다는 것을 기억해야 할 것이다. 이제 한국 개신교는 신자들이 애초부터 신앙적 모험과 시험을 거는 어떤 제도나 행태도 용납하지 않는 건강한 공동체로 재설계해야 한다.

② 한국 개신교의 신자들은 자기 선행과 외양, 그리고 감투에 도취돼 있다. 유대 바리새인들이 좋아하는 모든 것을 갖춘 것 같다. 바리새인의 특징이 종교를 다른 사람들을 통제하는 수단으로 변질시켜, 종교 규칙과 규정이라는 울타리에 타인뿐만이 아니라 자신도 가두어버리는 것이다. 믿음의 자유를 훼방하

는 자다. 자기의 의에 젖어 묻지도 않는 것을 나팔 불고 다닌다. 입만 나불거리는 육체의 할례에만 열을 올리고, 마음과 귀의 할례에는 굳게 닫혀 있다. 특히 하나님의 이름으로 자기의 행위를 합리화하려는 언행과 이것도 모자라, 말씀으로 타인에게 자신의 신앙과 선행을 강요하는 모습을 보면 안타깝다. 신학자 카를 바르트Karl Barth, 1886~1968는 "하나님은 인간과 절대적으로 다른 존재다"라고 말했다. 하나님의 '타자성他者性'을 강조했다. 바르트는 "인간은 너무 쉽게 자신의 의견 · 사상 · 감정 · 편견을 하나님의 이름과 뜻을 빌려 말한다"라고 지적했다. 전형적인 왜곡된 우화적 해석의 일환이다. 우화적 해석은 목자만 하는 것이 아니라 신자도 하고 있다. 그것은 하나님을 인간의 형상으로 만드는 행위다. 인간은 하나님을 만들 수 없다. 즉 하나님의 인격적 형상을 자신의 교만한 우상으로 조작하여 이웃에게 상처를 주고, 하나님을 자신 안에 가두어버린다. 예수는 자기 우상화된 기준에 맞추어 남을 함부로 판단하지 말라고 했다. 성경에서 "사랑은 무례히 행하지 아니하며 자기의 유익을 구하지 아니한다"라고 말하고 있다고전 13:5. 신자는 각각 자신과 하나님의 관계를 신실하게 가꾸어 나가되, 자신의 신앙방식을 다른 사람에게 강요하지 말아야 한다. 여기에는 많은 자기중심적인 의가 드러날 수 있기 때문이다. 신자는 오직 믿음으로 자신의 삶이 입증되어야 한다. 그렇지 않으면 자기 의의 우상 소굴에서 사는 것과 마찬가지다. 늘 영성을 통해 자연적 자아를 밀어내고 새 자아를 형성해야 한다. 그렇지 않으면 자기의의 우상 소굴에 사는 것이다. 고대 희랍의 플라톤의 동굴, 프랜시스 베이컨이 역설한 개인의 독특한 편향된 오류로 뭉쳐진 이 동굴의 우상에 갇힌 것과 같다.

한국의 신자들은 믿음보다는 화려한 겉모습과 외양을 중시한다. 크리스천의 존재 인식, 정체성이 부족하다. 즉 세상의 평판을 걸치고 성전에 들어와 말씀으로 제대로 세탁이 되어 있지 않기 때문이다. 여기에다 서열의 관료화에 상습화되어 있으니 교만을 부린다. 신앙인을 자처하면서 늘 비교하고 등급을 매기고 경쟁을 자랑하며 세속의 언행으로 얼마나 내 이웃에게 아픔을 주었던가? 가진 것, 배운 것, 지위와 외모로 얼마나 교만 했던가. 성경에서 교만은 우상이요, 겸손은 하나님의 의다고 하지 않는가. 바울 사도는 이 모든 교만의 모양을 '배설물'로 여겼다. 그것이 예수의 모습 그 자체였으니까. 또한, 이름난 큰 교회에 다니고 수준 있는 사람들이 모인 집단에 속한다는 자부심도 있는 것 같다. 키 크고 잘생긴 성직자의 외모에 매료되는 경우도 허다하다. 그러다 보니 성직자가 외모 치장에 과부하가 걸릴 정도로 도를 넘는 모습으로 교단에서 설교하는 모습에 신뢰가 무너진다. 세속다움이 아니라 목자다움을 보고 싶다. 심지어 창조 질서에 따라 생명의 전수자인 부모를 통해 받은 온전한 모습을 마구 뜯어고치는 신자도 허다하다. 바울이 배설물로 여겼던 온갖 잡동사니 외모 우상 문화로 끼리끼리 세속화되어 가고 있다.

그래서 예상치 못한 부도덕한 사건, 사고가 바람 잘 날 없다. 이는 물질주의에 바탕을 둔 외모지상주의와 삶의 공허함이 창조 질서를 침범한 것이다. 영적 삶이 질식당할 정도로 물질주의가 판을 치고 있다. 성경은 "외모로 사람을 판단하지 말고 공의롭게 판단하며, 내 안에 성령의 인도하심에 민감하며 성령을 근심되게 하지 말라고 한다"요 7:24; 엡 4:30. 또한 한국 개신교 신자들이 성직자를 너무 높이 올려놓았다. 이 또한 교권주의의 산물이다. 목이 곧은 권위주의자로 교인 스스로 만들어 놓았다. 이렇다 보니 문제가 생기면 신자는 성직자를 성직자는 신자를, 상호 신실하게 바라보는 영적 창이 무너져 버린다. 신자는 하나님이 주신 신분에 합당한 집을 짓는 것이, 절대적 의무가 돼야 한다. 신자의 도구는 타락한 문화와 진리를 가로막는 세속 장벽을 허무는 데 쓰임 받도록 준비되어 있다는 것을 일순간도 잊어서는 안 된다. 오직 예수의 삶 안에서 자긍심을 느끼고 살아야 한다.

한국의 신자들은 직분 감투를 좋아하기보다 집착하고 사모한다. 관료적 직위 권력에 매료되어 교회 심부름꾼의 직분이 감투로 둔갑하여 허세를 부리기를 밥 먹듯 한다. 직분에 묶인 신자들은 교권에 포획되어 비본질적인 교회 문화와 환경을 즐기는 허수아비 부대로 되어 간다. 이들은 직분 감투를 가져다가 장신구로 삼고 자신을 꾸민다. 직분이 선한 도구로 쓰임 받는 자리로 인도되는 것이 아니라, 도리어 자신을 유혹하는 일에 이용되어 그것에 속아 넘어지곤 한다. 평생 죽어라고 봉사했는데

기쁨은 없고 날이 갈수록 영적 생기는 잃어가고, 믿음 있는 척 하는 신자로 착각 속에 산다. 천국의 자녀라고 내민 직분의 신분증이 선한 봉사의 일에 숨어 들어가 자신을 미혹하고 자신을 우상화하는 행위의 의로 무너지는 모습을 보면 서글프다. 이 모두가 감투라는 요술 방망이가 만든 짓이다. 그 우상 방망이는 교회 관료제화의 산물이다. 이제 직분 감투의 가면과 화장을 벗겨내고, 민낯으로 주님을 마주하는 담박한 마음으로 골방에서 말씀을 묵상하고, 우리의 참 존재를 주님께 고백하는 신실한 인격적 교제가 필요할 때가 아닌가 싶다.

③ 한국 개신교의 신자들은 율법주의 신앙에 갇혀 '믿음의 자유_{하나님 안에서의 자유 함}'를 잃고 행위의 의에 광분하고 있다. 종교심이 대단하다. 그래서 한국에 사이비 종교가 들끓는다. 이것 또한 위계적인 직분의 관료제화로 생긴 교리의 괴물이라 생각한다. 예수님이 이 땅에 오셔서 인간을 세속의 노예로부터 출애굽 시켜서 자유 함을 주었다. 진리 안에 자유 함을 얻어야 할 신자가 평생 율법에 짓눌려 종교인으로 살아서야, 그럴 수 없다. 교회에 나가면 자유로워야지 뭔가 부자유롭다면, 그 공동체는 예배의 본질이 교리로 무너져가고 있음을 보여주는 것이다. 하나님께서 율법을 주신 목적은, 무엇이 죄인지를 깨닫게 함이라고 성경에서 말한다. 당시 유대인들은 율법을 행위법으로 착각하고 율법의 적힌 목록을 잘 지키기만 하면 죄를 짓지 않는 것으로 생각했다. 이에 예수께서 그들에게 율법에 대해 정확히 해

석해 주시면서, 인간은 율법을 지킬 수 없는 존재로 죄인임을 깨달으라고 하신 것이다. 인간은 율법으로 죄를 진정으로 깨달았을 때, 죄 사함에 대한 필요성을 절감한다는 의미다. 예수께서 "수고하고 무거운 짐 진 사람은 모두 네게로 오너라. 내가 너희를 쉬게 하겠다"라고 했다. 당시 유대 사회의 율법주의가 얼마나 인간을 옥죄고 무거운 짐으로 작용했는가를 짐작할 수 있다. 로마교황청은 예수의 말씀을 진리가 아닌 교리_{율법}로 받아들려 부패되었다. 성경을 율법주의의 눈으로 보게 되면, 도덕적·윤리적 행위의 의와 우화적 해석에 빠져 복음의 진리와 멀어질 수 있다. 그래서 진리에 더 가까이 가자는 것이 루터의 종교개혁이었다.

오늘날 한국 개신교가 주님 안에서 믿음의 자유를 외치지만, 현실은 종교 교리와 제도 안에 감옥살이하고 있다. 율법주의는 종교적 제도를 통해 복음의 착시현상을 일으킨다. 믿음의 자유는 하나님의 의의 통치에 사로잡힌 것이지만, 믿음의 억압은 종교 만능주의와 교리 만능주의에 사로잡힌 것이다. 교회를 처음 찾는 많은 초신자가 말한다. 세상 서열경쟁에 짐이 무거워 교회를 찾았는데, 아니 그곳에 또 다른 서열 세계가 있고 서열에 따라 임무의 짐이 놓여 있다는 데 깜짝 놀라고서 발길을 돌렸다는 것이다. 신자는 믿음의 봉사와 서열의 짐을, 잘 분별해야 한다. 서열의 짐은 행위의 의를 정당화시키는 교리에서 출발한다. 세상의 짐을 풀려고 갔는데 짐이 더 무거워질까 두려워 도로

귀향했다는 것이다. "너희가 짐을 서로 지라 그리하여 그리스
도의 법을 성취하라"라고 했다갈 6:2. 최근 몇 년 동안 개신교 신
자들이 가톨릭교로 옮기는 숫자가 수십만이라고 한다. 그 수가
갈수록 증가하는 추세에 있다는 것이다. 왜 그럴까? 아마 본질
보다는 비본질적인 교리의 갑옷에 짓눌려 믿음의 자유 함을 얻
지 못함이 아닐까 싶다. 시효가 다한 구약의 율법을 붙잡고 자
기 학대해서야 되겠는가. 한국 개신교는 주님께로 돌아오는 양
들에게 불필요한 율법의 짐을 많이 지우고 있다. 신자들에게 묵
시적인 율법과 기복주의로 물질과 시간을 숨 막히게 압박하고
있고, 잡다한 세속문화가 성전을 억압하고 있다. 목자나 신자,
모두 누구를 위한 봉사이고 모임인지 영적 눈으로 자신의 내면
을 흔들어 보아야 한다. 법적으로 문제가 없다고 해서 영적으로
적합한 것은 아니다. 자신이 얼마나 율법주의 신앙에 깊이 젖어
있는지를 세밀히 살펴야 한다.

　예수는 당시 유대의 실정법에 도전장을 던졌다. 안식일에 대
한 태도에서 당시 유대인들의 율법주의를 뒤엎었다. 이는 교리
를 위한 신앙이 없음을 알려주는 것이다. 성경에서 하나님은 아
가페이시고, "사랑은 율법의 완성이라고 했다"롬 13:8-10. 율법은
한시적인 과정이지 목적이 될 수 없다. 주님은 하나님 나라를
비유하면서, 네게 다시 갚을 능력이 없는 사람을 초대해 잔치를
베풀라고 했다. 그런데 한국 개신교의 신자들은 어떠한가? 자
신도 모르게 체제 내의 종교적 율법주의 신앙에 속박돼, 삶 가

운데 영적 혁명을 생활화하지 못하고 있다. 이신칭의에 머물러 서는 안 된다. 믿음의 행위로 성화의 도상으로 힘차게 걸어 나와야 하지 않겠는가? 늘 이에는 이, 눈에는 눈이다. 율법은 서로 죽이고 죽이는 악순환만 반복할 뿐이다. 그러니 사람의 관계가 진실하고 순박한 인격적 태도보다 육적인 지체를 좇는 주고받는 계산에만 능할 뿐이다. 심지어 세상 사람들은 기독교인들이 이해관계에 더 민감하고 교언영색의 달인이라고 한다. 율법으로 사람을 판단하기 때문이다. 율법주의는 철저한 외식주의자를 만들어 낸다. 교회 안에서만 경건이고, 교회 문을 나서는 순간 돌변하는 자신의 위선적인 율법적 행태를 방치하게 된다. 성경에서 크리스천은 '그리스도 안에' 있는 자라고 정의한다. 여기서 그리스도 안이란 냉장고 속에 갖가지 음식물을 담고 있는 것처럼 우리가 그리스도 안에 있다는 의미가 아니라, 포도 가지가 포도나무에 붙어 있는 것처럼 그리스도와 연합하여 있다는 것이다. 즉 율법주의는 그냥 냉장고 통 안에 들어 있는 갖가지 음식물일 뿐이고, 복음주의는 포도나무와 가지가 함께 붙어 있는 것처럼 그리스도와 연합한 자다. 삶과 복음의 증거가 통합되어야 외식을 멈출 수 있다.

한국 개신교 신자들은 뼛속까지 율법주의와 교회주의 늪에 빠져 있어 빠져나오는 것 자체가 두려움이 되었다. 가령, 긴급한 일이 있어 주일성수를 못 해도, 십일조를 지키지 못해도, 죄의식에 묶여 두려움에 싸인다. 자기 부주의로 사건 사고가 발생

했음에도 주일성수에서 믿음 부족에서 원인을 찾고, 스스로 율법으로 자신을 구속한다. 교리로 믿음을 미신으로 바꾸어 버린다. 율법을 무시하라는 것이 아니라 율법의 본질을 깨달아 율법주의로, 교리로 무장한 바리새인이 되어 본말을 전도하지 말라는 것이다. 루터의 종교개혁 정신은 우리로 제도권 밖의 사유를 가능하게 한다. 그는 종교적 교리로 무장한 기득권 제도에 칼을 들이대었다. 한국 개신교 신자들은 율법주의 앉은뱅이에서 자리를 털고 일어나 그리스도와 연합한 복음주의로 걸어가야 한다. 복음은 성령님의 인도하심이다. 언제까지 우리의 신앙을 떠들썩한 외식의 쇼로 변질시킬 것인가? 신자의 꿈과 열정과 시간은 오직 성경 위에서 펼쳐져야 한다. 십자가의 묵상과 고독의 몸부림이 깊어지고 율법에 둘러싸인 교권의 정체성을 굴착하고 파기해야 하나님과의 인격적 교제가 이루어질 수 있지 않겠는가?

주님 안의 고독과 외로움은 방치가 아니라 영적 에너지다. 영적 고독의 아픔이 깊을수록 생산적인 믿음의 삶이 된다. 한 종교연구소 조사에 의하면 코로나19가 왔을 때 미국의 신자들은 온라인 예배를 드렸지만, 출석 예배 때보다 하나님과의 영적 교제가 더 깊어졌다고 조사되었고, 반면 한국 개신교는 이와 다른 결과가 나타났다는 것이다. 문화적 차이도 있겠지만 한국은 평소 예배가 종교 행위에 더 몰입되어 있음을 보여주는 사례로 볼 수 있다. 성령과 동행하는 자는 어둠의 삶과 새 삶 속에서 끊임없이 고독하고 갈등하고 괴로워한다. 이런 아픔의 산통을 통해 교권과 교회주의로부터 탈출해야 한다. 율법의 제도에 깊이 길들어진 신자일수록 인간의 만남, 그 순간순간이 제도에 얽혀 신앙의 정체성을 상실한 채 사교모임으로 분망해진다. 교리의 행위에 묶인 신자들이 하나님의 크나큰 신비를 동우회 멤버십 수준으로 격하해 왔다. 하나님의 자녀가 스스로 자신보다 못한 모습으로 떨어뜨려야 되겠는가. 예수 십자가의 피 값이 율법을 완성시킨 사랑의 향연이 되어야 하지 않겠는가?

따라서 신자는 하나님을 진지하게 대하는 태도부터 배워야 한다고 본다. 예수께서 하나님을 진지하게 대하지 않으면 율법주의에 걸려 넘어진다고 했다. 신자는 신앙의 내적 갈등과 고뇌를 통해 자신의 내면으로 깊이 들어가 율법의 껍데기를 허물어내는 성찰의 시공을 넓혀야, 성숙된 분량의 믿음으로 성장할 수 있다고 성경은 말한다. 제도의 껍데기를 집어던져야, 믿음의 자유가 향유되어 하나님이 창조한 인간의 근본 질료인 생명 · 사랑 · 존엄을 이해할 수 있다고 본다. 한국 개신교는 종교 제도의 율법적 껍데기를 찢고 신자들에게 믿음의 자유를 심어주어야 한다. 그 자유로 서로 사랑의 종노릇을 해야 한다. 신자는 내면의 소리를 듣는 마음의 눈과 귀를 이웃으로부터 조명되어야 한다. 성전을 두드리는 사람들에게 율법의 문을 닫고, 믿음의 문을 활짝 열어 주어야 한다. 신자의 정체성은 복음이고, 그 안에서 이웃과 믿음의 자유를 향유해야 성령의 열매를 맺고, 주님의 참 제자가 될 수 있지 않겠는가?

④ 한국 개신교의 신자의 복은 성경의 복과 거리가 먼 복을 갈구한다. 우상의 복을 찾는 데 열정을 쏟는다. 미신이다. 이는 목자가 신자에게 복의 개념을 잘못 전달하였기 때문이다. 골수까지 번영신앙으로 길들여져 있다. 번영신앙은 한국 개신교의 교권주의를 지탱하는 사상적 양쪽 기둥 중 하나다. 성경은 하나님으로부터 죄 용서함을 받은 것이 복이라고 한다. 성령세례를 받은 자는, 광야를 지나면서 예수의 산상수훈의 팔 복음을 정확히 먹고 마실 수 있다. 예수께서 성령세례를 통해서 하나님과의 인격적인 신뢰의 관계가 세워지고, 광야 사십일의 시험을 통과해야 팔 복음이 체화됨을 친히 보여주셨다.

신자는 마음이 가난한 자는 왜 복이 있는지, 슬퍼하는 자는 왜 복이 있는지, 온유한 자는 왜 복이 있는지, 의에 주리고 목마른 자는 왜 복이 있는지, 마음이 깨끗한 자는 왜 복이 있는지, 평화를 이루는 자는 왜 복이 있는지, 의를 위하여 핍박받는 자가 왜 복이 있는지를 끊임없이 묻고, 삶 가운데서 하나님께 답변할 책임이 있다. 이 복음은 고난의 종만이 볼 수 있는 복이다. 그렇다. 하나님의 복은 고난의 십자가를 통해서 성취되는 복이 아닌가? 세속 복이 해 집고 들어갈 자리가 없는 곳이 하늘의 복이다. 신자는 팔 복으로 믿음의 증표를 주는 책임 있는 증인이 되라고 성경은 부른다. 한국 개신교 신자들은, 고난의 종은 버리고 우상의 기복종으로 꽉 채워져 있으니 늘 스스로 시험하고 시험을 당한다. 여기서 어떻게, 거룩한 분노가 일어날 수 있겠는가? 산상수훈의 복이 마음에 자리 잡으면 주님의 공생애의 삶이 보일 것이다. 하나님의 복은 무엇으로 배를 채우는 문제가 아니라, 신자의 삶을 통해 예수의 삶을 닮아가는 기쁨이다. 그 하나님의 복을 예수의 이야기로 끝났기 때문에, 늘 사람만 만나면 광야 시험의 우상들을 하나님의 복인 양 떠들어댄다. 심지어 이를 하나님의 은혜와 축복으로 착각하고 흥분하면서 간증까지 한다. 그 기복적 무당을 자기 확신의 믿음으로 최면까지 건다.

기독교는 고난과 자기 죄의 애통의 의미에서 하나님의 의지가 있다고 믿는다. 하늘의 복은 신자를 통해서 주님을 증거 하는 것이 아닌가? 그 증거는 삶의 현장에서 구현되고 두 눈으로 볼 수 있어야 한다. 바울은 이를 "복음에 빚진 자"라고 했다. 예수는 "너희가 나 때문에 모욕을 당하고 박해를 받고 터무니없는 말로 온갖 비난을 받으면 복이 있다"라고 했다. 성경 속의 사도들은 그 고난의 길을 통해 많은 사람이 하나님께 영광을 돌리게 했다. 신자는 그 복음의 증거를 위해 기도하고 간증해야 한다. 루터는 모든 그리스도인은 '자신의 직업'을 통해 자신이 하나님께 받은 은혜를 갚아야 한다고 말하면서, 모든 직업이 성직임을 강조했다. 그는 성직자뿐만 아니라 모든 사람이 자신의 일상에서 자기 일을 통해 하나님의 일을 하고 있다고 했다. 이것이 만인제사장주의에 담긴 깊은 뜻이다. 루터는 "우리가 열심히 일하는 이유는 가난한 사람을 돕기 위한 것"이라고 했다. 개혁자 칼뱅도 "하나님이 어떤 사람을 부자로 만든 건 가난한 사람에게 나누어주기 위한 것"이라고 했다. 남보다 더 많이 갖고 더 많이 배운 것은 축복이 아니라, 하나님이 신자에게 엄숙하게 책임 지워준 사명이다. 신자는 예수 그리스도의 자발적 가난을 배워야 한다. 주님은 모든 것을 가졌음에도 불구하고 의도적인 자발적 가난을 선택했다. "우리 주 예수 그리스도의 은혜를 너희가 알거니와 부요하신 이로서 너희를 위하여 가난하게 되심은 그의 가난함으로 말미암아 너희를 부요하게 하려 하심이라"고후 8:9. 즉 졸부의 유혹을 벗어나 의도적인 나눔의 삶을 역설하셨다. 성경에서 고아와 과부, 나그네들에게 배려의 삶을 주목하는 것은 거룩함의 징표다. 또한 제자들에게 허영과 사치와 유행을 버리고 단순하고 자족하는 삶으로 불러들인다. 신자 각자가 은혜의 땀과 희생으로 가문의 혈통을 세우라는 언명이다. 늘 크리스천은 하나님과의 관계에서 남이 모르는 많은 은혜의 비밀을 쌓고, 놀라운 경험을 해야 한다는 것을 보여주고 있다. 왼손 하는 일이 오른손 모르게 오른손 하는 일이 왼손 모르게 하늘의 복을 축적해야 한다. 가능한 한, 삶의 궁핍과 질고를 진 사람들이 제대로 살도록 돕는 일에 마음을 열어야 한다. 예수의 구경꾼이 되거나 메시지의 팬에 머무를 수 없다. 예수의 인격이 각자의 삶으로 환원시켜야 한다.

신자는 산상수훈의 복에서 기이한 일이 일어남을 확증하는 믿음에 이르러야 한다. 이제, 한국 개신교 신자들은 신앙의 방향을 근원적으로 재디자인해야 할 때가 온 것 같다. 초대 교회의 공동체처럼 성령의 은혜 아래 자발적 가난을 통해 소유권에 대한 탐심을 자제해야 한다. 이에는 계산과 자랑과 불의에 원수가 돼야 답이 있다. 오직 우리가 자랑할 것은 믿음으로 하나님으로부터 의롭게 칭함을 받았다는 것과 이에 응답하는 것이 복의 근원임을 삶에서 설명하고 풀어내야 한다. 성경은 의식주를 걱정하는 복보다, 앞서 "너희는 먼저 그의 나라와 그의 의를 구하라 그리하면 이 모든 것을 너희에게 더하시리라."라고 일러주고 있다.마6:31-32

4. 한국 개신교의 미래 지향점

한국 개신교가 관료제화의 극복과 함께, 나아가야 할 지향점에 대하여 다섯 가지 정도 생각해 보기로 한다.

○ 인간의 존엄성에 대한 교육

한국 개신교는 생명의 소중함과 인간의 존엄성을 깨우는 지혜가 성전으로부터 밀려나고 있다. 창세기를 보면, 기독교는 '생명'과 '지속성'을 주제로 삼고 있는 종교다. 인간과 자연의 생명을 창조 섭리 안에서 깊은 관심을 보이는 것이 아가페Agapē 다. 우선 한국 개신교회는 교세 확장성에 비하면 인간에 관한 공부와 공동체의 깊은 비밀을 잘 깨닫지 못한 것 같다. 인간이 하나님의 은혜 아래서 얼마나 서로 의존하고 있는지, 서로에게 책임 있는 존재인지를 잘 학습하지도 교육하지도 못했다. 나타나는 교회 안팎의 현실을 보면 교회주의와 종교심에 빠져 편협하고 이분법적이고 배타적이다. 이는 휴머니즘에 대한 이해를 지나치게 좁게 수동적으로 수용함으로써 나타난 결과가 아닌가 싶다. 특히 보수적인 교단의 목자들은, 휴머니즘이 신본주의와 상반된 개념에서 협의로 해석하기 때문에 인본주의를 이단이라고 볼 수 있다. 우리가 주목해야 할 것은 휴머니즘이 나타난 배경에 주목해야 한다. 휴머니즘은 14세기 중세 신본주의가 쇠퇴될 때 르네상스 운동에 뿌리를 두고 인본주의를 주장하면서 나타났다. 당시 인본주의를 이끈 사상가들은 중세의 내세주의 세계관에 맞서 인간의 자유와 존엄성을 옹호했고, 기독교의 교리와 교권으로부터 해방을 주장했다. 그만큼 중세사회가 신의 이름을 빙자하여, 반 인간적인 횡포가 극심했다는 것을 확증하는 것이라고 볼 수 있다.

휴머니즘의 본질은 모든 것의 주체는 인간이며 삶의 목적 또한 인간을 위해 있다는 정신적 태도이다. 이렇게 되면 보수적인 일부 목자나 신학자들은 휴머니즘이 기독교 신본주의 신앙과 합치될 수 없기에 거부할 수 있다. 지나친 교리에 초점을 맞추다 보면 일부 일리는 있을 수 있으나, 기독교의 본질은 하나님의 뜻이 하늘에서도 이루어진 것같이 이 땅에서도 이루는 것이다. 이 땅에서 이루어지는 하나님의 뜻은 예수 그리스도와 같이 인간을 사랑하고 서로 봉사하는 것이다. 어떻게 하면 인간이 인간답고 행복하게 살 수 있을지, 상호 협력하는 정신이 하나님의 뜻이고 기독교의 기본 정신이다. 성경의 "네 이웃을 너희 몸과 같이 사랑하라"라는 뜻이 아가페의 본체가 아닌가? 또 그것을 알고 응답하는 삶이 하나님의 뜻이라고 생각한다. 보이는 인간을 사랑하지 않고, 하나님을 사랑한다는 것은 새빨간 거짓말이라고 성경은 전한다. 예수가 이 땅에 왔을 때, 그는 구약의 종교적 교리와 형식에 묶여 있던 종교지도자들의 그 율법주의를 부수고 인간의 구원을 이야기하고 있다. 이는 당시 종교적 교리와 형식주의에 갇혀, 신을 위한다고 착각했던 구약 신앙관에서 인간을 위하는 신약 신앙관으로의 혁명이다. 즉 교리에 대한 지나친 집착은 교권을 낳고 교만을 낳는다. 예수는 교권보다 인권을 더 중요하게 생각했다. 이에 대한 가장 명료한 예는, 예수는 "안식일이 사람을 위해 있는 것이지 사람이 안식일을 위해 있는 것이 아니다"라고 분명히 선언하였다. 이런 점에서 예수님은 철저한 인성을 가진 휴머니스트임과 동시에 신성을 가진 분이란 점이다. 달리 해석하면 하나님의 신성이 인간의 구원으로 귀착된다는 점이다. 따라서 기독교는 교리와 형식에 집착하여 인간 구원의 문제를 놓쳐서는 안 된다고 본다.

기독교는 부분집합에서 합집합을 이루듯이 휴머니즘을 포섭하면서도 이를 극복하는 종교임을 깨닫게 된다면, 이분법적인 종교적 독선에서 해방될 수 있다. 부분과 전체를 살피는 열린 눈이 필요하다. 지금까지 인본주의 사상가들이 가장 고민했던 인간의 문제들을 해결한 자가 바로 그리스도 예수였다. 주의할 점은 창조 하나님을 거부하는 관점에서 휴머니즘을 보는 것이 아니라, 중세 가톨릭의 교권의 횡포로 인간의 존엄성이 착취 당했던 그 점을 주목하면서, 오늘날 한국 개신교의 모습을 성찰해야 한다는 것이다. 창조 질서 안에서의 휴머니즘이어야 한다. 창조 질서를 벗어난 휴머니즘은 인간의 자유와 존엄성을 빙자한 극단적 이념 주의에 불과하다. 예수는 수고하고 무거운 짐 진 자들을 부른 의미가 무엇이겠는가? 휴머니즘의 포용과 극복을 위해 주님을 따르라는 것이 아니겠는가? 여기서 극복은 인간 본질의 문제를 짚고, 이들을 둘러싸고 있는 인간 존엄성 파괴로부터의 탈출이다. 한마디로 기독교는 인간의 근본적인 죄의 문제에서 풀려나는 구원의 기쁨을 통해 하나님 나라를 이 땅에 이루는 일에 있다.

예수는 열두 해 동안 혈우병으로 고생하던 여인의 믿음을 보고 "네 믿음이 너를 구원하였다"라고 했다. 구원의 출발이 내가 아니라 그녀의 믿음임을 선언하셨다. 이 사건을 통해서, 한국 개신교는 예수의 인간에 대한 개개의 존엄성을 얼마나 귀하게 여기고 사랑했는가를 회개의 눈으로 보아야 한다. 예수가 이 땅에서 주목한 대상자들이 누구인지를 사유해야 한다. 잃은 양, 잃은 아들, 여리고 도상에서 강도 만난 자가 아니었던가? 소위, 기득권 변두리에서 방황한 자들의 외로움, 고통, 절망을 긍휼히 여기시고 소망과 기쁨을 찾아 준 예수가 아니었던가? 이는 율법적 교리보다 하나님의 본체이신 아가페를 마음에 품는 일과 한 생명의 존엄성을 대하는 자세를 보여주는 것이다. 예수의 삶은 생명의 소통과 인간의 존엄을 주고받는 표징이다. 이처럼 인간에 대한 예수의 접근방식을 예수의 삶 가운데서 더욱 깊이 주목해야 답이 있다. 한국 개신교는 신자들의 헌금과 안식일을 교리의 눈으로 보는 바리새인과 율법 학자들과 거의 동급이라 해도 과언이 아니다. 예수님의 삶을 인간의 삶 가운데로 옮겨와서, 자신이 그 가운데 서보았을 때 교리로 보는 헌금이 아니고, 교리로 보는 안식일이 아니고, 교리로 보는 인간의 모습을 극복할 수 있다. 이것이 예수님의 제자로서 참 자아의 길을 걷는 것이 아닌가 싶다. 그래서 예수는 누구든지 자기 십자가를 지고 나를 따라오지 않으면 내 제자가 될 수 없다고 했다.

어떤 한국의 개신교 목자는 바리새인의 위선을 경계하고 삶의 현장에서 인간을 마주하면서, 관계적 존재 안에서 하나님이 주신 사명의 길을 조금이라도 깨닫기 위해 손수 택시 운전을 하는 모습을 본다. 이를 위해 몸부림치는 목자의 태도는 십자가 위에 참 자아의 도를 찾는 것 같아서 기쁘다. 먼저 인간의 공부가 되어 있어야지 인간에게 해 줄 말이 있고 전할 메시지가 있다. 오늘날 한국 사회가 경쟁의 소용돌이 속에서 인간의 존엄성이 얼마나 크게 위협받고 있는가? 물질이 파괴한 인간성을 회복하는 일이 급선무다. 한국은 경제협력개발기구OECD 국가 중 자살률 1위를 수년 동안 놓치지 않고 있다. 하루에 36명, 매년 1만 3,000명 이상이 스스로 생을 마감하고, 지난 3년간 코로나로 잃은 국민보다 자살로 더 많은 생명을 잃었다고 한다. 또한 빈부격차가 갈수록 깊어지고, 가진 자의 횡포는 인간의 상식을 초월하고, 외모지상주의가 하늘을 찌르고, 왜곡된 성문화와 마약으로 인간의 생명 의지가 파괴되고, 정치적 이데올로기가 사회 모든 영역에 판을 치고, 네 편 내 편으로 갈라져 인간의 존엄성이 무너지고 있다. 우리 헌법 제10조는 "모든 국민은 인간으로서의 존엄과 가치를 가지며, 행복을 추구할 권리를 갖는다"라고 규정하고 있다. 한국 개신교는 이에 적극적으로 응답해야 한다. 그간 부족 교회에 갇혀 울타리를 넘어선 인간의 문제들을 강 건너 불 보듯이 방치했다. 심지어 무지로 인한 편승으로 진리를 왜곡하는 과를 범하기도 한다. 이제 한국 개신교는 교회주의와 종교적 교리의 쇠사슬을 풀고 수고하고 무거운 짐 진 자들에게 자유 함을 주어, 순수하고 어린아이 같은 영혼을 가슴에 품고 예배당의 문을 두드리도록 해 주어야 한다. 한국 개신교는 밤낮 영육의 아픔을 안고 치열하게 사는 세속 속의 인간을 깊이 살피고 공부해야 한다. 화려한 설교단 위에서 사랑의 공명도 없는 소리로 수천 번 수만 번 외쳐봐야 허공에 맴도는 메아리에 불과하다. 생명의 야성으로 타는 목마름으로 광야에 서는 금식교회가 돼야, 한 생명의 아픔과 존엄성을 볼 수 있고 인간과 하나님과의 신실한 인격적 교제가 될 수 있다고 본다. 이를 위해 사회와 제도권 교육에서 결핍한 인간 존엄성에 대한 훈육을 어떻게 해야 할지 깊이 고민해야 한다.

○ 생태적 각성을 통한 자연생태계 회복 운동

한국 개신교는 생태적 각성이 결핍되어 파괴되어 가는 자연 생태계 회복에 소홀하다. 그동안 성장중심의 자기 의를 드러내는 교회주의에 열정을 쏟다 보니, 창조 질서의 공공선을 망각해 버렸다. 신앙생활이 교리문화 안에 갇혀 있어 창조 환경에 대한 책임 있는 청지기의 사명이 잘 보이지 않는다. 하나님의 창조 역사는 피조물들에 '생명'을 주심이요, 새 하늘과 새 땅에 이를 때까지 그 생명이 생육하고 번성하도록 인간에게 관리권을 주신 것은 '지속성'을 위임한 것이다. 이것이 근본 하나님의 생명 질서이고, 그 질서를 보존케 하는 것이 하나님의 뜻이고 아가페다. 왜냐하면 섭리자 하나님은 죄로 난파된 세상에서 깨어진 모든 피조물을 화해시키고 계신다. 따라서 창조 환경을 돌보는 일에는 하나님을 향한 인간 사랑이 반영될 것이기 때문이다. 그럴 때 우리의 일은 창조주를 향한 예배의 표현이 된다. 그렇다면 세계와 더불어, 왜 한국 개신교가 자연 생태계의 질서 회복에 주목해야 하는가? 다시 말하면 하나님은 우주 만물을 짓고 '보기 좋다善'고 했고, 동물들에게 이름을 지어주심으로 인간과 자연의 공생관계 형성을 세워주셨다. 그 관계를 온전히 세워나가는 것만이 창조 질서이기 때문이다.

그런데 지금 세계는, 이 둘이 위기를 맞고 있다. 이 위기의 근본 원인은 인간 중심주의적 탐욕으로부터 발생된 자연생태계의 파괴에 있다. 자연생태계는 '한계 용량limit capacity'이 있다.

즉 생태계는 상호 순환과 자기조절능력을 가지고 있지만, 그 능력의 한계 용량을 초과할 때 생태계의 질서가 교란되면서, 자원 고갈을 비롯하여 온갖 환경문제가 발생된다. 이 한계 용량의 원리는 인간에게 탐욕 한계의 마지노선을 경고하는 하나님의 창조 질서다. 생태계가 파괴된다는 것은 지구 질서 파괴를 의미하고 마침내 인간의 삶을 파괴하는 생명 파괴와 인류문명의 지속성을 위협하는 것이다. 아담과 하와가 에덴동산의 질서를 스스로 파괴함으로써 동산에서 쫓겨났다. 마찬가지로 지구 시민의식을 갖지 않으면 결국 인류는 지구로부터 추방당한다. 자연생태계에 대한 인간의 책임, 타자에 대한 생명의식이 시급하다. 지금 지구는 난개발의 주역인 인류에게 경종을 울리고 있다.

오늘날 우리 인간은 공생 행복을 지탱해 주는 한마음의 질서보다는 욕망의 우상 덩어리에 더욱 집착하기에 수용 한계를 망각해 자제력을 잃고 말았다. 작금 인간은 자기중심적인 이기적 탐욕 질서를 세우는 데는 능수능란한데, 자연생태계와의 유기성과 전일성에 대한 깊은 창조 질서의 사유는 부족하다. 인간은 탐욕 눈의 비늘이 끼어서 앞에 보이는 욕망만 추구하고 돌진해 왔지, 자연생태계와 공존의 마음 문을 열어 놓지 못했다. 자연생태계는 생명 소통의 그물이다. 태반胎盤이 끊어진 태아가 생명을 유지할 수 없듯이, 에너지와 물질순환의 통로가 끊어진 생태계는 공생을 지탱할 수 없다. 행복은 나만의 행복이어서는 안된다. 공기 · 물 · 토양 · 동식물이 건강할 때, 이웃 사람과 동물이 함께 공생을 향유할 수 있다. 모든 생물이 지구 생태계에서 존엄한 삶을 살아야 할 권리가 있다. 일반적으로 생태계의 파괴는 인간의 제반 활동, 즉 개발과정에서 자연환경의 훼손이 따르고, 생산과정에서 매연·폐수·폐기물·미세먼지·스모그·오존층 파괴·산업 쓰레기 등의 공해를 유발하고, 소비과정에서 연소_{자동차, 냉난방 등}로 인한 배출가스·생활하수·쓰레기 등 다양한 오염물질이 발생한다.

특히 대기오염의 복합화로 기후변화에 따른 대기와 물의 순환 이상 현상인 '기후극한사상Climate Extreme Events'이 나타나, 대홍수·폭염·가뭄·산불·사막화 등 자연재해가 가중되면서 지구 위기를 초래하고 있다. 현재 지구의 기후 위기는 임계점을 돌파했고, 인류가 직면한 가장 긴급한 도전과제다. 한마디로 인류를 고통으로 몰아넣는 독감 바이러스가 되었다. 지난 코로나도 자연생태계의 훼손에 따른 악성 병원균의 숙주가 인간이 된 것이다. 파괴된 생태계의 회복은 창조 질서의 핵심인 생명과 지속성의 실천과정이다. 이는 하나님의 창조 질서 안에서의 인간 중심주의의 실현이다. 하나님이 우리 인간에게 부여한 피조물 세계의 관리권인 '청지기 의무'는 자연생태계의 돌봄care이다. 이 점에서 사실 한국 개신교는 그동안 자연생태계의 돌봄에서 너무 방심했다. 이런 가운데서 생명의 존엄성과 피조물의 복지가 외면되었다. 생태계에 대한 윤리적 부채가 많다.

현대 우리 사회의 일체 근본 위기는 생명 경시 풍조로 초래

되었다고 볼 수 있다. 생명의 존엄성을 상실한 곳에서 피조물의 복지를 기대하기는 어렵다. 생명을 가진 모든 피조물은 '생명의 의지Will of Life'를 가진 내재적 가치를 하나님으로부터 부여받았다. 이 내재적 가치를 유지하고 촉진하는 것이, 생명 공동체의 윤리가 될 때 피조물의 복지가 성취된다. 즉 자기 생명처럼 내 밖에 있는 생명의 의지에 대해서도 외경을 갖는 것이 복지다. 이는 모든 생명은 살아 있는 그 자체로서 존중받아야 한다. 이 생명의 의지라는 것은 생명을 유지하는 본능적 힘이다. 그 본능을 내 안에서 그리고 내 밖에서 인정하는 것이 생명 의지에 대한 외경이다. 나의 존재와 더불어 공존하는 생명체의 내재적 가치를 존중하는 것이 아가페가 아닌가? 그렇다고 자연을 신격화하는 범신론이 아니라, 하나님과 동역하는 것이다. 하나님의 창조 질서 안에서 인간중심의 질서를 세우고 인간에게 부여한 청지기 돌봄을 통해 생태계가 보전되고, 피조물의 복지가 실현될 수 있다.

이 같은 관점에서 한국 개신교는 성찰해야 한다. 앞에서도 한국 개신교가 인간에 관한 공부가 부족하다는 근거가 무엇이었는가? 교권주의와 율법주의적 교리에 갇혀 교회주의 문화에 익숙해 있기 때문이라고 밝혔다. 마찬가지다. 인간에 관한 공부가 제대로 되어 있지 않으면 인간을 둘러싸고 있는 생태계의 문제에 방관할 수밖에 없다. 이제 한국 개신교는 무너져가는 생태계를 복원하는 일에 앞장서야 하는 정당성의 근거를 성경에서 분명히 찾았다면, 실천적 믿음 행위가 따라야 의미가 있다. 그렇다면 우리는 생태적 공생 삶을 어떻게 살아야 할까? 오늘날 고도 과학기술문명에 따른 불확실성을 '위험사회Risiko Gesellschaft'라고 제시한 사람이 세계적 석학, 독일 뮌헨대학교 사회학과 울리히 벡Ulrich Beck 교수다. 벡은 그의 저서 『위험사회』 1986에서, 서구 중심의 산업화와 근대화 과정이 실제로 가공스러운 위험사회를 낳는다고 경고하면서 성찰적 근대화를 주장했다. 여기서 위험사회를 이해하는 가장 중요한 개념은 '선택'이다. 과학기술의 발전에 기반해서 이뤄진 지금까지의 근대화는 위험을 감수하는 선택에 의존해 왔다는 것이다. 즉 과학기술의 발전이 가져다줄 수도 있는 위험을 우리는 통제 가능하다고 믿거나, 또는 안전 기준치 범위 내라는 생각에서 늘 선택해 왔다. 이는 '예측하지 못한 위험'이 아니라, '예측할 수 있는 위험, 즉 부정적인 결과를 감수한 위험'이다. 지금도 인류는 개인의 선택에 의해서든지, 국가정책에 의해서든지, 위험을 감수하는 선택을 직·간접적으로 끊임없이 하고 있다는 것이다. 가령 자동차 배기가스와 산업폐수 배출, 합성세제와 일회용 플라스틱 용품 사용, 냉난방 에너지 과다 사용, 농약과 화학비료 과다 시비, 간척지 개발 등은 기후변화와 생태환경을 파괴하는 것임을 잘 알고 선택한다는 것이다. 여기서 중요한 것은 인간의 '편리함'이라는 함정에 빠져, 우리는 위험을 예측하면서 선택한다는 것이다.

Ulrich Beck(1944~2015)

가령, 우리는 두서너 정거장을 걸어서 갈 수 있는 거리지만 편리함 때문에, 기후 가스의 배출을 알면서도 자동차를 선택한다. 이 선택을 멈추는 길은 공동체가 함께 힘을 합쳐 위험을 건너낼 수밖에 없다. 현재 지구 생태계의 위기 극복은 공감을 통한 협업이 답이다. 공감능력을 박탈하는 것은 죄이다. 우리가 배출한 온실가스는 우리가 책임져야 한다. '카본 오프세트Carbon Offset' 운동이 일어나야 한다.

(참조) Carbon Offset 운동이란 내가 배출한 온실가스는 내가 책임진다는 실천철학에서 나온 것으로 시민들의 자발적인 녹색 기부 운동이다. 즉 자신이 배출한 온실가스를 돈으로 환산하여 그 금액을 환경사업 등에 기부하는 상쇄제도다. 가령 여행이나 각종 행사, 냉난방이나 자동차 운전 등을 통해 발생한 온실가스양에 비례하여 이를 돈으로 환산하여 기부금을 내는 운동이다. 이 기부금은 나무 심기나 숲 가꾸기, 신재생 에너지 개발과 같은 온실가스 감축 사업을 하는 녹색 공·사 기관에 투자된다. 이는 지속 가능 성장의 토대가 될 뿐만 아니라 개개인의 자발적인 온실감축 효과를 가져오는 데 기여할 수 있다.

특히, 크리스천은 자연생태계를 돌보는 청지기 사명이 이웃 사랑임을 이해해야 한다. 우리가 배출한 기후가스로 발생한 대홍수로 수천 명씩 죽어가는 이웃을 보면, 우리의 편리함의 추구가 얼마나 위험한 선택인지 각성해야 한다. 가령 교회는 집에서 20분 내외에 있으면 이상적이라 생각해 본다. 교회와 거리가 멀면 교회 차를 이용하거나 승용차를 몰고 수십 분씩 이동해야 한다. 이는 교회 주차 문제와 더불어 교통체증과 기후 가스 배출로, 환경적으로도 문제가 크고 국가 · 사회적으로도 엄청난 '사회적 비용'_{사회 전체가 안고 있는 당면문제, 가령 환경문제 등을 해결하는 데 드는 비용으로 사회 전체가 부담하는 비용}을 증가시킨다. 한국 개신교는 하나님의 창조 질서와 다른 질서 속에서 방황하고 있는 듯하다. 신자들이 이사를 멀리 떠나도 가까운 교회를 찾지 않고, 굳이 다니던 교회를 고집해야 하는 이유가 뭘까? 이웃 사랑을 위해서 신앙의 시공 지평이 좀 넓게 확장되었으면 좋겠다. 교회와 먼 거리에 있다면 온라인 예배방식을 선택하면 된다. 지금 온-오프라인 동시 예배로 목양을 잘하는 훌륭한 목자들도 많다. 물론 기존 교우들과 인간적 관계로 정도 들고 해 오던 봉사도 있겠지만, 좀 더 가치 기준을 높인다면 이웃 사랑의 차원도 달라질 수 있다고 본다. 이런 교회주의 문화로 인해 신자들의 헌금이 매년 주차장 사용 비용으로 수백 수천만 원씩 지출되고 있고 교통체증과 탄소가스 배출을 방치한다면, 한국 개신교는 스스로 '공유지의 비극_{the tragedy of the commons}'을 만들고 있다. 그뿐만이 아니다. 멀리서 오다 보니, 종일 교회 안에서 냉난방을 작동해야 하고, 먹고 마시는 일로 쓰레기 배출이 이만저만 아니다. 우리나라는 석유 한 방울 나지 않는 나라이고, 또한 오늘날 과다한 화석연료 사용으로 탄소가스 배출이 기후 위기를 초래하여 엄청난 물적·인적 재난을 맞고 있다. 이 시점에서 크리스천은 과다 에너지 사용을 멈추고 절제를 통한, 기후 가스 감축에 적극 참여하는 '에너지 민주화'에 기수가 되어야 한다. 필자가 종종 해외에서 잠시 생활할 기회가 있어, 그곳 현지교회에 나가 보면 이런 모습을 보이는 교회는 눈 비비고 찾아봐도 없다. 꼭 그들의 모습이 다 옳다는 것은 아니지만, 사회적 해악을 끼치지 않고 바람직한 신앙공동체의 모습이 무엇일까, 진정 고민해야 할 때가 아닌가 싶다.

이제 한국 개신교는 하나님과 이웃에 대한 책무를 더 넓은 시각으로 보는 일에 주목해야 한다. 신음하는 창조 세계를 회복시키기 위해서, 인간과 자연 - 상생의 생태적 각성 운동이 일어나야 한다. 또한 창조 환경을 돌보는 일이 선교의 성경적 개념에 수용되어야 한다. 침묵과 편리함의 죄가 우리의 잘못된 삶을 정당화시켜서는 안 되고, 시험에 놓여서도 안 된다. 생태계 파괴는 특히 가진 자보다 가지지 못한 자, 사회적으로 취약한 계층일수록 더욱 고통이 따른다. 한국 개신교는 생태계 파괴와 자원 낭비의 결과로 고통당하고 있는 가난한 이웃의 불행을 분노하고 애통해야 한다. 예수의 아가페가 어디에 있는가? 하나님의 자녀로서 생태계를 파괴하는 어떤 작은 행위에도 도덕적 민감성을 갖고 기후 정의에 앞장서야 한다. 기업에 종사하는 신자는 생산과정에서 환경 정의를 실천해야 하고, 공공 부문에 종사하는 신자는 국가정책 결정과 집행에서 환경 정의를 실천해야 하고, 소비과정에 있는 신자는 편리함과 과소비를 통해서 일어나는 많은 환경문제에 파수꾼이 되어야 한다. 향후 한국 개신교는 생태계 보전과 기후 위기를 대비하는 영성 교육에서부터 실천적 역량교육에 집중해야 한다. 그리고 공공의 정신을 일깨우고 공유지의 비극을 막는 데 영적 감수성을 키워야 한다.

이를 위해 하나님의 뜻을 피조물의 세계 가운데서 깨닫도록 신자들에게 다양한 내용의 시민의식 교육을 체계적으로 시행하여, 기독교인으로서 사회적 책무를 건강히 수행할 수 있도록 체화해야 한다. 또한 모든 교육에 복음의 씨앗을 깊이 심어야 국가 부활의 생명을 누릴 수 있다. 오늘날 환경복지와 신뢰 행복의 전형인 북유럽의 노르딕 스웨덴 · 핀란드 · 덴마크 · 노르웨이 · 아이슬란드 가치는, 그 기반에 루터 복음교회가 자리 잡고 있다. 환경 선진국 독일을 가보면, 교회 안에서 환경 및 다양한 시민 의식교육을 체계적으로 실시하여 생활신앙을 통한 공동체주의가 뿌리내려 국가 토대의 근간을 세웠다. 지금부터 우리도 개인의 신앙적 자유를 바탕으로 나보다는 사회, 사회보다는 국가, 국가보다는 인류사회의 보편적 가치인 생명과 지속성을 추구하며, 하나님의 선한 청지기 역할을 온전히 감당하는 일에 힘써야 할 것이다. 21세기 한국 개신교는 생태계 회복을 위한 공감의 연대가 필요하다. 지역적으로 교회 간 연대하여 교권과 교회주의에서 파생되는 불필요한 일을 멈추고, 하나님이 기뻐하시는 창조 질서의 본질이 무엇인지, 자연생태계 안에서 이웃 사랑이 무엇인지, 깊은 생태적 영적 통찰이 필요할 때라고 본다.

○ 이념 편향적 정치참여의 집단화 극복

인류의 역사를 보면, 19세기부터 20세기 후반까지 각종 이념과 정치적 이데올로기로 지배되던 시기였다. 심지어 정치적 민주화가 성숙하지 못한 국가들은 여전히 탈이념을 벗어나지 못한 것 같다. 여기에 교회가 휘말려 각 나라의 크리스천들도 진보와 보수로 쪼개지고 갈등을 겪게 된다. 즉 종교가 종교로서 교회가 교회로서 정체성을 찾지 못하고, 방황하며 세속화의 길을 걸으면서 위기를 자초하고 있다. 지금 세계의 선진국들은 냉전 시대의 유산인 좌우의 정치적 이념 갈등을 뛰어넘어 실용주의 노선을 걷고 있다. 이에 반해 한국의 정치는 아직도 좌우 이념에서 헤어나지 못하고 독선과 감정, 당파적 이기심을 위한 투쟁을 일삼고 있으니, 국민 또한 이 같은 정치사회 문화의 영향을 받아 건강한 민주시민으로서 발전의 한계를 맞고 있다. 특히 교회는 이 같은 시류에 편성해서 정치적 이데올로기에 빠져서도 안 되고, 정치적 연고주의에 편승해서도 안 된다. 또한 신자들이 좌 · 우파로 나누어, 신앙과 성경을 정치적 담론으로 사용해서는 안 된다. 그렇게 하는 것 자체가 하나님의 공의에 정면 배치된다. 성경에 "네 발이 행할 길을 평탄하게 하며 네 모든 길을 든든히 하라. 좌로나 우로나 치우치지 말고 네 발을 악에서 떠나게 하라"잠 4:26-27. 이는 모든 판단의 기준은 말씀에 중심을 잡고 좌우로 흔들리지 말 것을 경고하고 있다. 따라서 이념적 시각에서 신앙과 성경을 해석하는 것은 우상숭배의 흔한 변종이다. 이는 하나님의 이름과 뜻을 정치적인 목적을 위해 이용하는 것이기 때문이다. 개인이나 집단의 이기적인 욕망이 하나님의 뜻으로 둔갑할 수 있다. 다만 국가공동체의 건강한 발전을 위해서 성경을 역행하는 정치적 이념과 투쟁에는 반대의 목소리를 내야 한다. 그런데 교회가 정치적 이념의 편향성에 함몰돼, 거리로 뛰쳐나와 단체 성명을 발표하고 정의와 평화의 이름으로 대중을 선동하는 모습은 지양해야 한다. 그렇다고 사회의 정의와 형평을 타기唾棄하라는 것은 아니다. 정치가 인간의 존엄성을 침해하거나 파괴하면 정치적 희생자들과 함께해야 한다. 다만 교회가 정치화한다든가 다른 방식으로 정치적 이념화될 때는 많은 사회적 문제를 불러일으킬 수 있고, 오히려 더불어 사는 건강한 공유가치의 고리를 끊어버리는 역기능적 역할을 할 수 있다는 데 주목할 필요가 있다.

특히, 한국 정치인들이 정치적 이념에 경도되어, 어떤 특정한 정치 지도자들에 대한 과도한 존엄성을 보이는 것을 언론을 통해 자주 본다. 국가를 위해 목숨을 바친 순국선열들이 묻힌

현충사에 들러, 희생에 대한 존경심을 표하는 국가행사에는 참여할 수 있다고 본다. 그러나 순국선열도 아닌 이미 개인의 문제로 세상을 떠난 특정 정치 지도자의 무덤 앞에, 해마다 집단으로 몰려가 추모행사를 벌이는 일에 기독교인은 자제하는 것이 좋다고 본다. 물론 각 개개인이 한 정치가에 대한 존경심을 가진다는 데는, 아무 문제가 되지 않는다. 근데 국가적 희생의 추모도 아닌 정치적 이념 정당의 행사에 기독교인이 떼를 지어 집단으로 참여하는 것은 기독교 정신에 비추어 보았을 때도 그리 바람직해 보이지 않는다. 굳이 해석하자면, 자신의 정치적 이기심에서 온 탐욕 때문에 행동한다고 보면 더 정확하지 않을까 싶다. 그렇다면 이는 권력욕의 우상에 포획되어 자신의 신앙을 배신하는 미신행위나 다름없다.

또한 건강한 민주주의 발전을 위해서도 그건 신중할 필요가 있다. 한국의 기독교인들이 정치권에 매우 많이 진입해 있다. 그중에서도 개신교인이 특히 많은 것 같다. 문제는 일만 터졌다 하면 그들이 연루되어 있다는 것이다. 딱히 누구라고 말을 하지 않아도 알 수 있는 정치인들이 수두룩하다. 이들 정치인의 언행을 보면 소시민의 상식에도 못 미치는 정치적 행태를 보이고 있다는 데 깜짝 놀라지 않을 수 없다. 그래도 세속으로 말하자면, 이들은 그럴듯한 학벌과 배움이 있어 보인다. 근데 왜 소시민의 생각보다도 우둔할까 생각해 본다. 인간은 아무리 지적 배움과 경험이 있어도 거짓 탐욕에 마음이 붙잡히면 판단이 흐

려지고 사탄의 노예가 된다. 성경에서 거짓은 사탄이라고 한다. 이들 정치인은 하나님을 자기 권력을 얻는 수단으로 즐기는 마귀의 자식이다. 근데 주일이 되면 버젓이 성경을 끼고 교회에 열심히 출석하고 있다는 데 경악을 금치 못한다. 그것도 모자라 문제가 발생될 때마다 언론을 통해 나타나는 모습을 보면 전형적인 외식주의자이다. 어떤 양심의 가책도 없이 성경을 끼고 나오기도 하고, 국회 기독교 신우 모임 같은 곳에서도 적극적인 정치 광고를 하고 다닌다. 이런 모습을 접하는 비신앙인은 어떻게 생각할까? 사회적 동료들이 가끔 만나면 "이 사람아, 어떻게 된 건지 교회 다니는 인간들이 다 저 모양이니, 나라 꼴이 되겠나"라고 말할 때, 쥐구멍이라도 있으면 들어가고 싶은 심정이었다. 그러니 교회가 세상의 조롱거리가 될 수밖에 없다. 이제 한국 개신교 정치인들은 복음에 중심을 잡고 한국 정치의 후진성을 극복하고 건강한 국가공동체의 이익을 도모하는 일에 오직 매진했으면 좋겠다.

또한, 교회에 출석해서 연령대별 기관 모임을 나가보면 온통 정파적 이념에 빠져서 신자 신분에 합한 이야기는 온데간데없고, 심지어 세속보다 더하기도 한다. 이 모든 잘못이 누구를 원망하겠나. 굳이 책임을 가린다면 성직자들의 잘못이 좀 더 크다. 왜냐하면, 한국은 교회 안에서도 이념적·지역적·정파적 성향이 짙게 나뉘어 있기 때문에 설교에서 문제를 숫제 입에 올리지를 못한다. 그만큼 교회도 정치 세속화되어 있다는 것이다. 그렇지만 침묵하는 것만이 능사가 아니다. 목자가 말씀에 바로 서는 신앙훈련을 제대로 시키지 않은 데 문제가 크다. 왜, 이를 방치했을까? 괜히 교회 안에 말 꺼내었다가 교우 간에 다툼이 일어나지 않을까 염려해서 세속과 적당히 타협해 버리는 것이다. 목자는 어둠과 부패에 빠진 길 잃은 양을 빛과 소금으로 인도하는 일이 본질이다. 교회는, 신자들이 세속적·정파적 이념에 치우치지 않도록 말씀에 기초해서 하나님 백성의 신분으로 적극적으로 인도해야 한다. 한국 개신교는 이념적 현실 정치참여에 자제력을 갖는 훈련된 신앙공동체가 되었으면 좋겠다. 한국 개신교의 정체성은 말씀 안에 자유 공동체가 되어야지, 이념과 지역·사회적 연고주의에 묶여 서로 질시하고 서로 분쟁하는 이데올로기 집단이 되어서는 결코 안 된다. 교회가 집단이기적인 삼류 정치판이 되어서 되겠는가? 교회는 정교분리 원칙에 충실해야 하며 정파적 이념 갈등을 조장하는 일에 뛰쳐나가면 안 된다. 교회는 직접적인 정치참여보다 신앙 사관을 바탕으로 다양한 방법에서 사회문제를 해결하는 지혜가 필요하다. 이제 한국 개신교는 국가가 위기에 처했을 때, 오직 복음으로 이념적 갈등을 초극하여 생명과 지속성의 착근에 에너지를 모아야 할 것이다.

○ 통일문제에 대한 동양 평화론

통일한국, 소리만 들어도 가슴이 뭉클하다. 올해가 광복 79

주년, 분단 71년을 맞았다. 통일 없는 광복은 미완성의 대한민국이다. 통일문제는, 앞으로 우리 민족이 꼭 풀어야 할 숙제이기 때문에 한국 개신교가 고민해야 할 일이다. 대한민국 국민이라면 누구든 진정으로 통일을 원하지 않는 사람이 없을 것이다. 특히 기독교인이라면 그 간절함이 더 클 것이다. 왜, 한국 개신교는 통일을 원하고 준비해야 하는가? 그 당위성에 대한 책무를 크게 두 가지 정도 생각해 볼 수 있다.

우선, 북한 주민의 고통 때문이다. 현재 북한은 소수 권력 집단에 의해 '3대 세습'과 '선군정치先軍政治'로 인민의 인권은 땅에 뒹굴고, 식량난으로 기아에 처해 있다. 또한 남북한 420만 이산가족이 있고, 지금도 수많은 탈북자가 체포되어 북송되고 있다. 자유를 찾아 탈북한 자들의 생명과 자유를 소중히 지켜주어야 한다. 1953년 7월 27일 판문점에서 정전협정 후, 천안함 폭침과 연평도 폭격 등 한국군 4,268명, 미군 92명 등, 총 4,360명이 북한과의 충돌과정에서 전사했다. 북한은 전체주의 전제주의 국가이다. 전제국의 특징은 소수 독재체제를 지탱하기 위해서는 이에 반하는 자에게는 공·사 영역 할 것 없이 절대권력을 휘둘러, 죽이고 싶으면 죽이고 감옥에 가두고 싶으면 가둘 수 있는 무소불위의 지배욕에 있다. 2300년 전 위대한 인류의 정치철학자 아리스토텔레스BC 384~322는 그의 책 『정치학』에서 "국민을 빈곤 상태로 묶어두는 것이 독재자들이 애용하는 전술"이라고 썼다. 독재자는 백성의 배부름과 생명의 존귀함에는 일체 관심 없다. 생명을 담보로 한, 가장 사악한 정치적 우상 숭배의 화신이다. 현재 북한의 인권과 굶주림은, 그 자체가 생지옥이다. 진정 이들의 질곡框梏과 인권유린을 누가 알겠는가? 이 땅에서 인간의 기본생존권을 찾아주고 이산의 아픔을 해결하는 것이 우리 크리스천의 책무가 아닌가 싶다. 이런 의미에서 통일한국은 민족공동체의 회복이며 인간 존엄의 실현이다.

다음으로, 한반도와 동북아시아의 영구적 평화와 번영이다. 안중근1879~1910 의사의 '동양 평화론'의 선각자적인 통찰력을 다시 깊이 생각해 보아야 한다. 당시 그는 서양이든 동양이든 제국주의의 이데올로기가 지배하던 시대적 아픔을 지적하면서, 동양 평화에서 나아가 세계평화에 눈을 돌린 위대한 안 의사의 사상을 우리는 주목해야 한다. 안중근은 1895년 천주교 학교에 입학하여 신학을 공부했고 1897년 19세에 아버지를 따라 천주교 신자가 되어, 프랑스 신부, 조셉 빌렘Joseph Willhelm, 한국명 홍석구으로부터 세례를 받은 크리스천이었다. 신앙인 안중근은 30세에 이토 히로부미를 처단하고 그의 거짓 동양 평화론을 공격하면서, 당시 러시아의 제국적 침략을 대비하여 조·청·일 평화공존을 위해 뤼순을 개방하여, 3국 평화회 조직·3국 공동군단 설립·공용화폐를 발행하는 은행을 설립해 경제력을 함께 키우자고 제안했다. 그는 1910년 뤼순 감옥에서 이 같은 내용의 동양 평화론을 구상하여, 그의 재판장을 맡은 일본 히라이시 우진토平石氏人에게 "내가 목숨을 구하기 위해 상고하는 일이 없을 것"이라고 말하면서 침략의 부당함을 선언하고 그에게 진정한 동양 평화론을 설파했을 때, 그는 큰 감복을 받았다고 한다. 3국 간의 진정한 평화공존 없이는 개별 국가공동체의 번영과 지속성은 있을 수 없다는 것이 그의 지론이었다. 이는 통일 한국을 바라보는 우리에게는 명료한 선각이다.

'청취서'(한국역사연구원 편, 『그들이 기록한 안중근 하얼빈 의거』, 2021). 미 완고
'동양평화론'의 요지가 담겨 있음. 이태진, 근현대사 특강(중앙일보 2023. 10. 21)

여기서 우리가 경계해야 할 것은 섣불리 남북평화론을 주장하며 인간의 존엄성과 자유민주를 뒷전으로 하고 남북관계를 두 국가론 관계로 접근을 시도하는 거짓 평화론자들이다. 지금 북한은, 과거 동독이 두 국가론을 주장한 방식을 취하면서 공산 전체주의를 고착시키고 있다. 당시 서독이 이를 거부함으로써 진정한 자유 통일을 앞당길 수 있었다. 대한민국 헌법 제3조는 "대한민국의 영토는 한반도와 그 부속 도서로 한다." 우리는 이 조항을 한시도 잊지 말고 자유민주와 인권의 바탕 위에 선 평

화적 통일을 추진해 나가야 한다. 이것이 하나님이 우리에게 맡겨 주신 진정한 평화적 통일이다.

한반도는 지금 전 지구적 패권 싸움의 접점에 있다. 신냉전이라고까지 불리는 국제질서의 양극화에 가장 큰 영향을 받는 곳이 한반도다. 북한은 언제나 전쟁의 불씨를 던질 수 있는 집단이다. 한반도는 정전협정 후 79년 동안 종전이 아니라 휴전이다. 아직 전쟁이 끝난 것이 아니다. 어떠한 행태로든 핵과 미사일 도발의 가능성은 여전하다. 이런 의미에서 통일은 전쟁의 종식과 공산주의 침몰로 국가의 번영과 동양 평화의 정초가 된다. 아울러 세계민주주의와 세계공존의 질서에 이바지할 것이다. 분단 독일이 통일이 오기까지 상황은 조금 다를 수 있었지만, 서독과 동독의 크리스천들은 하나님의 섭리에 진실하였고 끊임없는 탈이념으로 인도적 교류를 통해 통일을 꿈꾸었다. 그들은 인간의 존엄성, 자유와 인권의 존중이라는 인류 보편의 문명사 증진을 위해 통일을 소망했다. 하나님은 그 꿈을 기억하였다는 사실을, 한국 개신교는 겸손히 진맥해 보아야 할 것이다. 무엇보다도 하나님의 형상으로 창조되어 그분의 사랑을 받아 구원의 방주에 있어야 할 존재임에도 불구하고, 구원의 복음도 없고 억압과 비참에 노출돼 있는 북한 공산권의 복음 전파는 한국 개신교의 비전과 목표가 되어야 한다.

자, 그렇다면 한국 개신교는 이 두 가지의 역사적 도전과 사명을 어떻게 감당해야 할까? 통일한국을 이루어야 하는 그 당위성이 어떤 수단도 아닌, 목적 그 자체로서 역사적 진실에 있기 때문이다. 그 진실은, 하나님이 인간을 창조한 섭리에 있다. 그 창조 섭리는 인간을 향한 아가페고, 그 아가페는 '생명'과 '지속성'이다. 한국 개신교는 분단의 벽을 걷어내는 그 순간까지, 우리는 긴장하고 하나님 앞에 진실해야 한다. 해방이 도둑처럼 왔듯이 통일도 도둑처럼 오지 않으리라는 법이 없다. 우리는 신랑을 맞이할 등불을 준비해야 한다. 그 준비는 솔직하고 겸손해야 한다. 먼저 남한의 기독교가 하나님 앞에 신실해야 한다. 신앙적 사관에 비추어 보면, 하나님은 지구상에 동족상잔을 겪은 아픔을 품은 이 민족에게 큰 뜻이 있다고 본다. 남북한이 자유 민주주의로 통일되는 그날이, 중국과 러시아로 향하는 복음의 불길은 화염처럼 불타오를 것이다. 그 기폭제가 될 역사의 시간과 공간이, 바로 한반도라고 생각해 본다. 지금 북한 전제 정권으로 가로막힌 복음의 통로가 통일로 열리고 더 나아가 북방으로, 북방으로 복음 천국을 이루는 것이 우리 민족에게 부여한 하나님 뜻이 아닐까? 그렇다. 그 부름에 응답하기 위해 낮고 낮은 자리로 내려가는 참 순종이 있어야 한다. 하나님 앞에 진실한 순종은 팔 복음이다. 좀 더 사실적 표현이라면 북한 주민이 처한 형편에 우리는 부끄러움을 느끼고 긍휼함이 있어야 한다.

우리는 이 한반도의 엄중한 역사적인 상황에 자랑할 것이 아무것도 없다. 이 거룩한 부름을 망각하고 우물 안에 갇혀 허송세월 세속 일로 이전투구 해서야 되겠는가? 이의 실현은 온갖 우상으로 덮어쓰고 있는 관료제화된 한국 개신교의 교권주의와 교회주의가 한 줌의 흙으로 가루가 될 때다. 그때를 위해 한국 개신교는 광야에 머리를 박고 속죄의 땀이 핏방울이 되도록 기도해야 한다. 성령의 도우심으로 함께 회개하고 울고, 웃고, 결단하고 우리의 지성을 헌신하고 행동해야 한다. 예수님이 이 역사의 한복판으로 걸어 나오는 길에 호산나를 외치며 진실하게 서야 한다. 골수까지 뿌리박힌 우상의 교리와 제도들을 우리의 손으로 찢어 허물어야 한다. 바벨의 벽돌 계층을 맨손으로 피 흘리며 뽑아내야 한다. 그 주체는 누구도 아닌 하나님을 "아빠, 아버지"라 부르는 우리 크리스천이다갈4:6. 이것이 성취되었을 때 북한은 와르르 무너진다. 하나님은 우리 민족에게 인내하고 있는 그 계획한 뜻을 반드시 이룰 것이다. 바로 그때 생명의 피가 하수같이 한반도를 적시고, 저 북방 중국과 러시아를 관통하여 땅끝까지 이를 것이다. 이 신앙 사관이 이 땅에 주실 하나님의 예비 된 선물이고, 섭리며, 아가페가 아닌가? 한국의 개신교는 한반도 통일의 역사적 하나님의 뜻을 포착하고 그날까지 기도로 매진해야 한다.

○ 교회와 지역사회, 복음 사역 거버넌스 구축

한국 개신교가 장차 예수 사랑의 복음을 꽃피우기 위해서는 교회주의라는 부족 교회의 울타리를 넘어 분야별 지역 밀착 사역이 필요하다. 사역의 궁극적인 목적은 '생명'과 '지속성'이라는 신앙 사관에 초점이 맞추어져야 한다. 하나님의 눈은 소외되고 가난하고 연약한 이들에게 향해 있다. 예수는 이 땅에서 소외되고 병들고 빈궁한 이들에게 자비를 베푸시는 참다운 대제사장으로서 복음을 선포한 일로 메시아이심을 확증했다마 11:1-6; 히 4:14-16. 크리스천은 주님이 가는 눈을 따라 함께 모이고 그의 자비 사역에 깊은 공감을 갖고 순종해야 한다. 예수 섬김의 상징은 '집사deacon'이다. 집사는 이웃 공동체의 복음 사역을 위해 분야별 자비 사역으로 하나님의 뜻을 지역 현장에서 구현해야 의미가 있다. 사역의 범위는 일차적으로 개교회가 소속된 지역, 좀 더 확장하면 이웃 지역, 더 나아가면 해외선교 등이 될 수 있다. 사역의 분야는 지역 내 복지 사각지대에 놓인 사역에 집중해야 한다. 즉 빈민, 환자 돌봄, 장애인, 아동 돌봄, 노인 돌봄, 청소년 사역, 국내 이주자다문화 가정 등 돌봄, 일자리 사역 등 그 지역의 사회환경과 특성에 부합한 사역이다. 도움의 손길이 필요한 모든 이에게 복음이 꽃 피는 그날까지 지속적 섬김이 될 수 있어야 한다.

이를 구체화하기 위해서는 우선 교파를 초월하여 지역교회 간의 연합을 이루고, 민·관 등과의 삼각 거버넌스교회+민+관를 구축하여 협력 사역을 한다. 해외 사례를 보면, 독일은 사회정책 영역사회복지서비스에서 정부의 복지적 과제 수행을 민간복지단체에 전적으로 위탁하고 있다연방사회부조법 제10조. 이는 각 주마다 사회복지와 관련된 비영리 민간복지단체에 복지 분야의 특성에 부합한 사업을 나누어 예산_{포괄적 보조금}을 지원하면서 운영의 자율성과 독자성을 부여한다. 한마디로 국가복지와 민간복지를 '보충성의 원칙'에 따라 결합되는 시스템이다. 민간복지단체는 종교단체가 주축을 이루고 있다. 개신교의 디아코니아 Diakonie, 가톨릭의 카리타스 Caritas, 독일 적십자 Deutsches Rotes Kreuz 등이 대표적이다. 이들 단체는 시장경쟁의 논리에 따른 이윤추구가 아니다 보니 과대 경쟁할 이유도 없고 오직 복지서비스의 질적 윤리경쟁 관리에 초점을 두고 있어, 국민 누구나 질 좋은 복지서비스를 받을 수 있다. 물론 주 정부는 감독권은 있으나 최소한에 그치고, 다만 집행의 투명성과 효과성에 비추어 사업의 범위가 조정된다.

이제 한국 개신교도 지역의 상황과 정체성에 부합한 협력적 복음 사역과 봉사가 꼭 필요하다. 그동안 한국 개신교가 오랫동안 지역사회의 섬김과 돌봄의 사역을 해 왔기 때문에 다양한 접근 방법이 축적되어 있다고 본다. 다만 지역교회 간의 협력을 통해 지방정부와 지역 NGO, 기업 등과 거버넌스를 구축하여 봉사의 사역을 구체화하지는 못했다. 사실 루터의 개혁공동체도 독일 복지의 원형이며 북유럽 복지 정책의 토대가 되었다. 현실적으로 우리나라에서 개교회의 홀로 복지 사역을 펼치는 데는 재정뿐만 아니라 인력, 조직 면에 한계가 분명히 있다. 그러나 작은 단위에서부터 실험적으로 도입하면서 교회를 중심으로 복지 사각지대에 놓인 취약집단과 소외집단을 발굴하고, 지방정부의 복지재정을 활용할 수 있는 방안을 모색하고, 또한 지역기업의 재정적 지원을 도출하는 시스템을 도출해야 한다. 교회 중심의 지방정부·민간의 협력 사역은 교회사역의 신뢰를 높이고, 꼭 필요한 곳에 지원이 이루어져 효율적인 지역복지 서비스의 혜택을 기대할 수 있다. 최근 한국에도 지역교회들이 공동체의 복음 사역을 위해 지역사회와 협력적 연대를 하고 있어 매우 희망적이다. 가령 교회 소속의 복지센터를 기증하거나 교회 공간을 공공의 이용, 교회와 지방정부의 공동 복지재원 마련 등이다. 또한 독일의 경우처럼 지방정부의 포괄적 보조금의 지원정책을 마련하기 위해 일차적으로 교회와 지역사회, 거버넌스 구축에 대하여 숙론熟論하고 이를 통해 적극적 복음 사역으로 발전시킬 필요성이 있다.

제5장

━━━

글을 맺으면서

본서는, 한국 개신교가 1884년 이 땅에 발을 딛고 오늘에 이르기까지 우리 사회에 공헌한 많은 역할에도 불구하고, 자기 안일과 비신앙적인 모습으로 시들고 무너져가는 영성을 회복하자는 데 초점을 두었다. 이는 복음에 근거한 성경의 권위회복이다. 우선 역사의 해석이란 관점에서 '생명'과 '지속성'의 뜻을 도출하고, 이들을 품은 우주적 사관이 신앙적 사관임을 성경을 통해서 살펴보았다. 즉 신앙적 사관이 기독교의 성경 사관이고 하나님의 뜻이 무엇인지를 통찰하는 일이다. 이는 하나님의 뜻의 해석이며 곧 아가페를 지향하고 있다. 필자는 신앙적 사관에서 역사의 바탕을 하나님의 말씀에 두고, 인간은 인격적 속성을 지닌 하나님과의 직접적 교제를 통해 아가페를 이루는 것이 우주와 인류의 역사 바탕임을 확인한다. 즉 하나님의 말씀이 예수의 인격 속에서 사람의 모습을 입고 역사 속으로 들어와 활동하심을 증거 하는 것이다. 이는 하나님이 이 땅에서 이루고자 하는 뜻의 역사를 포착하는 것이다. 따라서 역사의 바탕은 창조와 섭리와 종말론적 신앙관에 있다. 한마디로 알파와 오메가이신 하나님의 역사적 섭리이다.

이 같은 신앙적 사관의 맥락에서 한국 개신교의 역사를 일별하고, 그 빛과 그늘을 조망하면서 한국 개신교의 나아가야 할 방향이 무엇인지를 주목하였다. 초기 한국 기독교는 구한말의 유교 전통과 쇄국에도 불구하고 복음의 씨앗이 이 땅에 뿌려져 열강들의 야욕의 와중 속에도 민족과 더불어 아픔을 함께하며 성장하였다. 특히 한국 개신교는 130여 년간 초기에서 중반까지는 온갖 국내외 악조건과 핍박을 신앙으로 승화시키면서 민족의 선구자로서 민족사를 이끄는 데 일조했다. 또한 이를 통해 한국 사회로부터 신뢰와 존경을 받았다. 그런데 해방 이후, 한편으로는 건국 정신인 자유 민주주의와 시장경제 자본주의 확립에 여러모로 공헌하면서도, 다른 한편으로는 6 · 25라는 동족상쟁의 전쟁을 겪으면서 좌우 이념적 대립이 기독교 신자들 간 이념적 갈등을 드러내면서, 정치적 이념으로 교단이 갈라지는 우상의 모습을 보이기도 했다. 그뿐만 아니라 한국의 근대화 과정에서 압축성장이라는 과정을 거치면서 양적 성장과 더불어 물질 중심의 배금사상이 교회에 들어왔다. 이에 교회는 순식간에 세속화의 길을 걸으며 교권을 강화하는 온갖 비기독교적인 번영신앙과 우화적 해석 등이 엄습하면서, 교회 운영과정에서 나타난 관료제화로 예배가 오염되고 진리의 영성이 허물어지고 있다.

문제는 한국 개신교의 가장 큰 위기인 교권주의로 세워진 '교회의 관료제화로 나타난 병폐'에 있다는 것이다. 이는 506년 전 루터가 로마교황청의 교권주의로 타락한 우화적 해석에 반기를 든 상황과 매우 유사하다는 점에서 아이러니하다. 이 상황에서 더 큰 문제는 성직자들이 한국 개신교의 위기를 엉뚱한 데 초점을 맞추고 잘못 진단하고 있다는 데 있다. 한마디로 연목구어하고 있다. 한국 개신교가 해방 전까지만 해도 외세 열강에 신앙으로 맞서 싸웠기 때문에, 교권에 의한 교회의 관료제화가 성립할 수 없었고 그 의미도 미미하였다. 당시 체제 유지보다는 신앙이 우선으로 작동되는 믿음의 행위가 더 큰 영성의 힘으로 작용되었기 때문이다. 목자나 신자도 오직 믿음으로 한 몸이 되어 외세에 대항하면서 순교의 각오로 헌신했다. 물론 신사참배 등 정도의 문제는 분명히 있었지만, 해방 이후와는 차원이 달랐다. 당시 교회의 비전이 하나님의 공의와 거룩함에 방점을 두었기 때문이다. 민족적 시련이 신앙으로 승화되고 있음을 보여주었다. 그러나 해방 이후 한국 개신교의 모습은 안타깝게도 시간이 지나면서 해방 전과 180도 다른 모습으로 변하고 있다. 교회가 양적 성장에 힘입어 교권 유지를 위한 체제 유지로, 교리로 점점 제도화되면서 종국에는 〈*교회의 관료제화*〉로 고착되었다. 이 고착된 제도의 역기능적 병리 현상이 복음의 본질보다 비본질적인 종교성에 집착하면서, 행위의 의로 돌변하여 예배를 오염시키고 하나님의 영광을 가리고 있다. 한마디로 말씀이 신앙이 아니라 교리가 신앙이 되어 간다.

본서는 이에 착안하여 506년 전의 루터의 종교개혁을 소환하여, 한국 개신교의 근본 문제가 무엇인지 짚어보고, 그 지향점 모색에서 출발되었다. 오늘날 한국 개신교는 교권 체제 유지를 위한 교회의 관료제화를 오히려 이상적인 교회발전모형으로 오인하고, 이를 달성하기 위해 밤낮 종교심에 열을 올리고 있지 않나 걱정이다. 이렇다 보니 시간이 갈수록 가나안 교인이 늘어나고 개신교에서 가톨릭으로 개종이 증가하고 있다. 그런데도 한국 개신교는 문제의 본질을 내면에서 찾지 않고 사회적 외부환경의 문제로 눈을 돌리고 있어 안타깝다. 이는 교회가 관료제화되면서 병리적 기능은 덮어 왔고, 순기능적 일부에만 집착했기 때문이다. 몸으로 말하면 면역체계를 무너뜨리는 비본질적인 온갖 나쁜 습관과 행태를 자행해 왔고, 이를 당연시해 왔다는 것을 방증하는 것이다. 이제 그 면역기능이 약화되면서, 숨었던 병리적 요인이 암이 되어 건강한 세포를 마구 파괴하고 스스로 죽음을 자초하고 있다. 영성은 식어가고 오직 겉껍데기 육체만 두른 채, 골골하고 있는 형국이다. 이처럼 한국 개신교는 종교적 교리와 제도의 틀에 포획되어, 그 제도가 고착되는 근본 원인이 어디서 출발되었는지 모르는 것 같다. 당연히 교회가 운영되려면 직분 제도에 따른 위계적 시스템이 있어야 한다고 생각한다. 전적으로 틀린 말은 아니다. 하지만 교회는 그 자체가 목적이 아니라 교회를 통해 하나님의 나라를 건설하는 데 있음을 잠시 망각한 것 같다. 이들 제도적 시스템이 506년 전 로마교황청이 저질렀던 제도와 무엇이 다른가를 성경에 비추어 깨닫지 못한 것 같다. 이는 한국 개신교가 양적 경쟁 성장에만 눈이 멀어 신자들에게 잘못된 안전을 심어주었기 때문이다. 제도가 만들어지고 운영되는 과정에서 얼마나 많은 죄성이 묻어 있고, 예배를 오염시키는지에 대해 무지하다는 것에 놀랄 뿐이다. 믿음의 치매라고 볼 수 있다. 현재 몇몇 한국 개신교 지도자가 이 역기능적인 견고한 관료제화 시스템의 고질을 도려내고, 새살을 돋게 하는 일에 힘쓰고 있어 그나마 희망이 좀 보인다.

한국 개신교가 개혁에 앞서 주목할 것은 지금의 현상이 '탈교회'이지 '탈기독교'가 아니라는 점을 기억하며 통찰해야 한다. 이제 한국 개신교는 해방 이후 오늘에 이르기까지 교회발전의 전형이라고 여겨온 위계적 직분 시스템인 〈*교회의 관료제화*〉의 바벨을 무너뜨리는 일에 스스로 성찰의 칼날 위에 서야 할 때가 왔다. 목자는 양을 진리의 푸른 초장으로 인도하는 안내자로서의 사명을 충실히 감당하고, 신자들에게 잘못된 미신을 심어주어서는 안 된다. 예수께서 세 번이나 "요한의 아들 시몬아, 네가 나를 사랑하느냐 하시면서, 내 어린 양을 먹이라, 내 양을 치라고 하였다." 한국 개신교는 교권으로 병마에 시달리고 있는 교회 관료제화의 암 덩어리를 제거하는 일과 십자가 고난의 면역력을 키우는 일에 전심전력해야 한다. 이것이 양을 치는 일이다. 성령을 힘입어 새로운 백신주사가 요청된다. 세속의 비늘을 벗겨내고 모든 모양의 종이 되어 신앙의 양심을 더럽히지 않고, 하나님 앞에 바로 서는 기본을 다시 배워야 한다. '아드 폰테스Ad Fontes'로 일어나야 한다. 진리의 변두리에서 언제까지 방황해야 하는가? 루터의 개혁신앙을 반추하면서 주님이 주신 생명의 빵과 잔을 다시 들고, 오염된 세속을 타기唾棄하고 빛과 소금의 역할에 광야의 소리가 되어야 한다. 한국 개신교는 세상의 아웃사이드가 아니라 세상의 중심에 서 있어야 어두운 곳을 밝힐 수 있다. 무거운 짐을 이고 지고 지쳐오는 영혼을 담을 수 있는 긍휼의 그릇을 키워야 한다.

교권주의로 50년간 병든 앉은뱅이를 일으켜 세우는 일에 도전해야 한다. 경건한 저항이 요청된다. 한국 개신교는 말씀과 타협하고 협력하는 교리와 제도의 우상을 허물어버리고 믿음의 성전을 다시 일으켜야 한다. 온갖 미신과 무지와 거짓 해석이 난무하는 무저갱으로부터 탈출을 선언해야 한다. 기복적 축복의 우상, 직분의 우상, 교권의 우상으로 굳어진 관행을 떠나야 사람을 낚는 어부가 될 수 있다. 구약 전체가 하나님의 진리와 우상과의 투쟁의 역사로 점철했다는 것을 모르는가? 수많은 예언자가 하나님 섭리의 역사를 선포했다. 이 역사의 완성이 예수의 공생애로 집약한다. 예수는 광야의 세 가지 시험의 통과와 산상수훈의 참 복을 통해 하나님 백성의 신분증을 내밀었고, 십자가의 죽음과 부활을 통해 하나님과 인간의 인격적 만남을 완성시켰다. 예수님은 십자가를 지시고 난 이후에 "다 이루었다"라고 하셨다. 이 인격적 만남은 아가페이고 참 생명과 구원의 통로가 되었다. 한국 개신교의 위기의 탈출은 제도와 교리로 뭉쳐진 율법의 통치가 아니라, 십자가 고난의 역사와 의의 통치에 맡기는 섭리에서 답을 찾아야 한다. 섭리의 영적 통찰이 우리 손끝에 와 있음을 깨달아야 한다. 하나님의 뜻은 처음부터 고정된 율법 같은 것이 아니고 각 개인에게 구체적인 현실 상황을 통해서 전달된다. 크리스천의 살아가는 모습을 통해서 사람들이 하나님을 보고 만난다. 이것이 땅끝까지 내 증인이 되라는 주님의 신앙 유산이 아닌가?

하나님과의 인격적 교제를 방해하는 어떤 시스템도 용납되어서는 안 된다. 한국 개신교는 말씀의 순물질에 조미료를 가미하여 사람들의 혀를 유혹하는 우화적 해석을 통해 진리를 왜곡하고 굴절시켜서는 안 된다. 2천 년 전 종교적 기득권자들의 밥통을 껴안고 그들의 요리를 받아먹어서는 안 된다. 어찌 한국 개신교가 506년 전의 소돔과 고모라 같은 로마교황청을 세습해야 하겠는가? 성령을 품고 인격적인 하나님과 교제하는 한국 개신교가 21세기 세속의 병자가 되어 어둠의 자식으로 살아가야 하는가. 교회의 관료제화로 온갖 암세포가 기생하는 사자 死者의 몸으로 하나님 아버지께 살려 달라고 외칠 수 있겠는가? 하나님은 이 모습을 보면, 나는 너를 도무지 모른다고 할 것이다. 오직 행위의 의로 똘똘 뭉쳐진 한국 개신교는 피를 토하듯이 가슴을 찢고 머리 박고 땀이 피가 되도록 회개해야 할 것이다. 예수님은 "내 계명을 지키는 자가 나의 제자요, 하나님과의 친구"라고 했다. 한국 개신교가 믿음의 치매로 온갖 번영신앙과 우화적 해석이 범람하는 무당 종교가 되어야 하겠는가? 바리새인이 득실거리고 성전의 문을 열고 나오면 창졸간에 외식주의자로 돌변하여, 세상 곳곳에서 조롱거리가 되는 신자가 되어야 하겠는가? 성경은 하나님의 은혜로 나의 착한 행실로 많은 사람이 하나님께 영광을 드리게 하라고 하지 않았는가. 종교적 집단 관료화로 행위의 의로 포장된 위선의 악순환을 끊고, 믿음의 신실한 행위로 거룩함의 도상으로 힘차게 걸어 나와야 하지 않겠는가? 병들고 무감각한 무당의 문화에서 속히 빠져나와야 한다. 이를 위해 기존의 교회 관료제를 떠받치고 있는 수직적 직분 위계 시스템을 과감히 개혁하고 관료제화에 따른 병리적 기능을 회복하는 것이 급선무다.

필자가 이 책을 쓰지 않으면 못 견디는 아픔의 동기는 단 두 가지이다. *하나*는 신자의 믿음 생활이 어떤 종교적 제도에 포획되지 말고, 어린아이와 같은 순진무구한 마음으로 하나님 앞에서 믿음의 행위로 거룩함의 기쁨과 감사함을 찾아주어야 한다는 것이다. 근데 한국 개신교는 어린아이와 같이 순전하고 신령한 젖을 사모하는 마음으로 하나님께 다가가는 것을 되레 방해하고 있다. 하나님과의 인격적 교제를 방해하는 모든 제도는 악이다. 예수께서 "어린아이들이 내게 오는 것을 용납하고 금하지 말라. 하나님의 보좌가 이런 자의 것이니라. 내가 진실로 너희에게 이르노니 누구든지 하나님의 나라를 어린아이같이 받들지 않는 자는 결코 그곳에 들어가지 못하리라 하시고" 그 어린아이들을 안고 그들 위에 안수하시고 축복하셨다. 또 *다른 하나*는 불신자가 세상의 차별과 무거운 고통의 짐을 벗기 위해 성전의 문을 두드릴 때, 거룩한 포옹으로 세상과 다른 삶의 존재 이유를 하나님으로부터 발견하고 구원의 쉼을 찾도록 자유함을 주는 데 있다. 바울이 말한 '복음의 자유'다. 그런데 오늘날 한국 개신교는 이의 소명을 감당하고 있는가? 낯선 성전의 문을 두드리고 무거운 짐을 내려놓기 위해 들어왔다. 근데 시간이 지나면서 율법주의와 교회주의라는 부족 신앙에 갇혀 신앙의 순수성에 금이 가고 위선적인 바리새인으로 변모되어, 신앙인의 가면을 쓴 종교적 괴물이 되어 세상 우상의 앞잡이 노릇을 한다면 어찌 되겠는가?

왜, 이런 괴물이 되었을까? 비기독교인들이 이렇게 힘주어 말한다. '예수 믿는 사람은 입만 살아 있고, 신실한 구석은 찾아볼 수도 없고, 실생활에는 세속 계산에만 능하고, 온갖 신앙적 외모로 자화자찬하는 종교인'이라고 한다. 이는 말씀의 결단이 세속에 살아 있어 세상을 변화시키지 못하기 때문이다. 정말 참담하고 억장이 무너진다. 보라, 한국의 정치, 사회 등 구석구석 지도자라고 칭하는 자들 중 기독교인이 얼마나 많은가. 그런데 그들이 보여주는 행태를 보면, 오직 자기 밥그릇과 집단 이익에 함몰되어 공의의 모습은 빈곤하기 그지없다. 가령, 우리나라 국회의원의 특권이 선진국에 비하면 최고의 제도적 부패 수준 정도로, 비정상적으로 운영되고 있음을 세상이 다 알고 비판하는데도 300명의 의원 중에 기독교 신자가 없겠는가? 엄청 많다, 2024년 22대 국회의원 당선인 300명 중 87명29%이 개신교 크리스천이다. 그러나 그들은 자기 밥그릇에 관심이 있지, 기독교 가치관의 핵인 '공의'를 위해 개혁을 외치는 자를 보았는가? 심지어 악법을 제조하고 상식을 벗어나는 악한 일에 앞잡이 노릇까지 하면서 성경책을 늘 끼고 다닌다. 이들은 예수의 이름을 팔아 직업 장사하는 사이비 삯꾼 종교인일 뿐이다. 사회의 곳곳마다 숨은 삯꾼 종교인들이 범람하는 데는 한국 개신교가 그동안 본질보다는 비본질적인 일에 집착해 왔기 때문이라고 볼 수 있다.

필자는 지금 한국 개신교는 이천 년 전 유대의 땅의 종교지도자들, 대제사장·율법 학자·서기관·장로들의 세속 행태를 기억하고 중세 교회의 세속화를 소환하여, 무엇이 문제의 본질인지 질문하는 것이다. 그들은 하나님을 신뢰하는 대신에, 자기 자신을 앞세우는 이기적인 우상의 열매에 관심이 많았다. 심지어 예수의 제자들과 친지들도 오순절 다락방에 성령님이 임하기까지 정치적 예수를 바라보고 있었다. 제자들은 예수께서 십자가에 못 박히는 것을 보고 뿔뿔이 흩어졌다. 무엇을 의미하는

가. 한국 개신교는 어떠한가? 예수를 모르는 자들이 아니라, 예수를 믿고 충성한다고 맹세한 종교지도자들이 하나님의 뜻을 왜곡하고 성전을 혼미스럽게 하고 성전 밖에서 온갖 외식을 일삼고 있다. 오늘날 한국 개신교가 종교적 기득권을 탐닉하고 교권의 위계질서에 길들여진 타락한 유대의 모습과 무엇이 다른지 자문자답해 보아야 할 것이다. 506년 전, 루터의 경건한 저항 정신을 되새김질하여 위기의 본질을 깨닫고, 세밀한 영적 통찰이 개교회마다 일어나야 한다.

한국 개신교는 새 포도주를 담을 새 공동체의 재설계를 강력히 요청받고 있다. 지금부터 많은 개교회가 새로운 신앙공동체 시스템을 실험하고 도전하여 제2의 종교개혁을 이루어, 후세에게 건강한 신앙의 유산을 물려주는 데 매진해야 할 것이다. "너희는 이전 일을 기억하지 말며 옛날 일을 생각하지 말라. 보라 내가 새 일을 행하리니 이제 나타낼 것이라 너희가 그것을 알지 못하겠느냐 반드시 내가 광야에 길을 사막에 강을 내리니"사 43:18-19를 상기하면서, 한국 개신교는 '생명'과 '지속성'이라는 하나님의 뜻의 역사 속에서 종교개혁의 5대 'S 사상'이라 불리는 오직 은혜Sola Gratia, 오직 믿음Sola Fide, 오직 성경Sola Scriptura, 오직 그리스도Sola Christo, 오직 하나님께 영광Soli Deo Gloria으로 다시 세워져야 한다.

또한 한국 개신교는 교회 관료제화의 극복과 더불어, '생명'과 '지속성'의 주제를 담론 삼아, 인간의 존엄성에 대한 훈육과 파괴되어 가는 자연생태계의 회복 운동에 적극적으로 참여해서 공유지의 비극을 몰아내어야 한다. 창조 환경을 돌보는 일이 선교의 성경적 개념에 수용되어 생태계 회복을 위한 국민 공감의 연대를 선도해야 한다. 또한 이념적 시각에서 좌우로 치우쳐 성경을 해석하는 정치적 우상 행위를 멈추어야 한다. 이와 더불어 지구상 유일한 분단의 아픔을 안고 있는 우리는 통일문제에 대한 동양 평화론의 당위성을 바탕으로, 하나님이 우리 민족에게 준 뜻의 역사를 포착하고, 통일이 하나님을 적대하는 중국과 러시아 공산 세계의 복음화에 소명이 있음을 주목해야 한다. 마지막으로 한국 개신교가 앞으로 예수 사랑의 복음을 꽃피우기 위해서는 교회주의라는 부족 교회의 울타리를 넘어 구체적인 분야별 지역 복음 사역이 이루어지도록 거버넌스 구축이 필요하다. 이들 과제가 장차 한국 개신교회 위에 던져 준 하나님의 뜻의 역사이며, 우리에게 엄중하게 맡겨진 사명이 아닐까 싶다. 오직 우리의 기도는 하나님 나라를 확장하는 선교에 비전과 목표를 두고, 깨어서 믿음을 굳게 붙잡고 전심전력을 다하는 대사가 되어야 한다. 공동체의 선한 목표의 기도는 반드시 이루어질 것이며, 우리를 향한 하나님의 열정은 식지 않을 것이다.

권기헌(2014). 『행정학 원론』. 도서출판 학림.

권영진(2014). 『엘베 강변 하얀 언덕 위의 친구들』. 예영커뮤니케이션.

김옥순(2011). 『디아코니아 신학』. 한들출판사.

김해연(1993). 『한국교회사』. 성광문화사.

대한성서공회(2015). 『개역개정 큰글자 성경전서』. 아가페 출판사.

민경배(2007). 『한국기독교회사』. 연세대학교출판부.

박기묵(2011). 『쉽게 알려주는 성경 속의 기독교 역사』. 도서출판 윤성사.

박길용(2012). 『공존의 역사짓기』. 이담북스.

박길용(2019). 『생태자본과 공생행복』. 커뮤니케이션북스.

백낙준(1973). 『한국 개신교사, 1832-1910』. 연세대학교출판부.

한국기독교역사학회편(2011). 『한국기독교의 역사』. 기독교문사.

함석헌(2006). 『뜻으로 본 한국사』. 제일출판사.

Arnold B. Rhodes(1980). *The Might Acts of God*, 문희석 · 황성규 공동 옮김.

_____(2007). 『통독을 위한 성서해설』. 대한기독교출판사.

Carr E. H.(1961). *What is History*, 황문수 옮김(1977). 범우사.

Dieterich, V. J.(2008). *MARTIN LUTHER Sein Leben und seine Zeit*, 박
홍식 옮김.

_____(2017). 『마르틴 루터와 그의 시대』. 홍성사.

J. Keller Timothy(1985). *Resourees for Deacons*, 조수아 옮김.

_____(2023). 『팀 켈러, 집사를 말하다』. 두란노.

John R. W. Stoot(2010). *The Radical Disciple*, 김명희 옮김(2010). 『제자

도』. Ivp.

Peterson. Eugene H.(2002). *THE MESSAGE The New Testament,* 김순현 ·
윤종석.

_____ · 이종태 공동 옮김(2021).『메시지 신약』. 복
있는 사람.

〈Martin Luther Kalender 2017〉. Ellert & Riehter Verlag GmbH, Hamburg
Made in Germany 2016.

한국 기독교의 영적 통찰

― 루터 종교개혁의 관점에서 ―

초판인쇄 2024년 7월 31일
초판발행 2024년 7월 31일

지은이 박길용
펴낸이 채종준
펴낸곳 한국학술정보(주)
주 소 경기도 파주시 회동길 230(문발동)
전 화 031-908-3181(대표)
팩 스 031-908-3189
홈페이지 http://ebook.kstudy.com
E-mail 출판사업부 publish@kstudy.com
등 록 제일산-115호(2000. 6. 19)

ISBN   979-11-7217-464-4 93230